破译三十六计

孙颢 ◎ 编著

中国华侨出版社
·北京·

图书在版编目 (CIP) 数据

破译《三十六计》/ 孙颢编著 .—北京：中国华侨出版社，2010.3（2024.11 重印）

ISBN 978-7-5113-0276-2

Ⅰ.①破… Ⅱ.①孙… Ⅲ.①兵法—中国—古代　②三十六计—研究 Ⅳ.① E892.2

中国版本图书馆 CIP 数据核字（2010）第 038187 号

破译《三十六计》

编　　著：孙　颢
责任编辑：刘晓燕
封面设计：周　飞
经　　销：新华书店
开　　本：710 mm×1000 mm　1/16 开　　印张：12　　字数：130 千字
印　　刷：三河市富华印刷包装有限公司
版　　次：2010 年 5 月第 1 版
印　　次：2024 年 11 月第 3 次印刷
书　　号：ISBN 978-7-5113-0276-2
定　　价：49.80 元

中国华侨出版社　北京市朝阳区西坝河东里 77 号楼底商 5 号　邮编：100028
发 行 部：（010）64443051　　传　　真：（010）64439708

如果发现印装质量问题，影响阅读，请与印刷厂联系调换。

前 言

提到"三十六计",可以讲绝大多数人都耳熟能详,甚至还能脱口而出并加以运用,这说明"三十六计"已经是中国人无形的"智慧长城"矗立在人们的心头,而且大家都明白这样一个基本道理:如果不懂三十六计,你肯定会被其中的任何一计折磨得死去活来。

在此,不需要我们浪费篇幅去一一陈述"三十六计"的名称,只需要关注这样一个话题——"三十六计"的破译技巧。请看我们对"三十六计"在当今社会中的几个破译技巧:

瞒天过海——围棋之道在于:用尽可能用的招数引对方误算,从而掉入自己的陷阱之中,这叫智骗。生活中有瞒人和被瞒之分,假如你为了达到目的,有意去瞒住对方,就要看你瞒的手段是否高明。善瞒者,总是把秘计死死地埋藏在心中,每一计都让对方陷于被动局面。

借势发挥——可以借他人之力实现自己的意图。例如:把别人的梯子搬到自己的脚下,爬到自己想爬的地方去。这要比自己

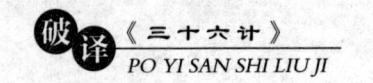

先造梯、再登梯要来得快，来得巧。善借势，才能巧赢。这是成功的硬道理。

声东击西——一个人的一切行为都被别人掌握，这个人肯定已经犯了许多低级错误。反过来，如果你施展飘忽不定的套路，就会让对手摸不着、猜不透你，从而可以声东击西，左右开弓，打开一条成功的通道。

暗度陈仓——路有很多，或大或小，或长或短，或明或暗。如果你选择了走"暗道"，那么就要掩盖声势，装着自己的计谋悄然行进。只有到达目的地之后，才将其曝光，这是对"暗度陈仓"最通俗的解释。可惜，有许多人做不到这一点，总是喜欢不分场合地在别人面前显能耐，显实力。

隔岸观火——竞争之道不在于勇，而在于巧。当一群人在一起为一点利益相互较量时，你可以躲在远处，静观事态的变化，从而借机从中捞到一点利益。退避三舍，不意味着与人无争。真正的竞争高手，总是先看、后想、再行动。

打草惊蛇——为了猛、准、稳地捕获对手，采用的技法应当是不露声色，佯装无事。等到对手麻痹大意、心理松弛以后，再一下擒住对手的要害。这叫在最佳时机出最猛、最准、最稳的招儿。

调虎离山——对付强者，最好的办法是引诱对方走入歧途，然后从另外一个侧面攻入其致命的地方。这样既可保全自己的实力，还可提高成功的保险系数。这是调虎离山计的启示。

关门捉贼——你要想彻底利用对手来降服对手，最好的办法是敞开大门，诱其深入。做到这一点，需要魄力，需要充分的自信。这一"关"，一"捉"，足见一个人办事能力的大小与高低。

假痴不癫——一个人太清醒，是容易受伤害的，所以有时我们有必要装糊涂；只要不损害大局，我们不妨想得开一些，太计较者往往会吃大亏。

反间计——防止别人暗算的办法是：善用反间计。它告诉你：你不要以为跟你坐在一起的都是朋友，有时候不坐在一起的恰好是交情最深的朋友。

连环计——成功的步骤在于：一环扣一环，环环相连。有些人能成功一时，却不能成功一生，其关键在于缺乏连续性。如果缺乏连续性，就不能把雪球从小滚到大。

由此可见，"三十六计"于今天多么智慧，多么具有实用性。在"破译三十六计"中，我们始终发现一个字——"变"，正因为这个"变"字，领导之艺、处世之道、经商之技才显得那么富有灵活性、机动性、随意性；或者说，"三十六计"是每个智能型选手打开人生局面的"秘密武器"。

本书的立足点是全方位破译"三十六计"，力图告诉"三十六计"的潜力和威力。

我们希望，"三十六计"能成为你成功的三十六个台阶！

第10计	第9计	第8计	第7计	第6计
笑里藏刀 把自己包裹得越严越好 047	**隔岸观火** 坐在太师椅上观情势 041	**暗度陈仓** 不走天桥，走地下通道 037	**无中生有** 在空棋盘上做文章 034	**声东击西** 施展飘忽不定的套路 029

目 录

第 1 计
瞒天过海
把秘计死死地埋藏在心中
001

第 2 计
围魏救赵
摆出最厉害的『龙门阵』
007

第 3 计
借刀杀人
自己躲在暗处掌控局面
012

第 4 计
以逸待劳
不经意间收获成果
018

第 5 计
趁火打劫
借势闯出一片局面
023

第20计	第19计	第18计	第17计	第16计
浑水摸鱼	釜底抽薪	擒贼擒王	抛砖引玉	欲擒故纵
不像对手一样乱作一团	从根子上解决问题	一把抓住要害部位	用土块换金子	让对手跳不出自己的手掌
101	096	089	085	080

第15计	第14计	第13计	第12计	第11计
调虎离山 制服强者的招数 074	借尸还魂 把无用的东西变成大用 069	打草惊蛇 巧妙捕获对手 063	顺手牵羊 不费吹灰之力捞得益处 058	李代桃僵 切忌做些小打小闹的事 052

第30计	第29计	第28计	第27计	第26计
反客为主 自己也能登台唱大戏	树上开花 造成良好势头	上屋抽梯 盘算布阵的方法	假痴不癫 装得越真越好	指桑骂槐 让人一时醒不过神来
153	149	144	139	134

第21计 金蝉脱壳
挤出一条脱身之道 105

第22计 关门捉贼
堵住对手的退路 114

第23计 远交近攻
人缘关系越搞越活 119

第24计 假道伐虢
把自己的手变成武器 123

第25计 偷梁换柱
善于让自己强大起来 129

第36计	第35计	第34计	第33计	第32计	第31计
走为上	连环计	苦肉计	反间计	空城计	美人计
保护自己不受摧残	每一个圈都能套住东西	只为最终抬起头	拆散对手的板块组合	最胆大的吓人之举	不是每一块蛋糕都可以吃
178	174	169	165	161	157

第1计

瞒天过海

把秘计死死地埋藏在心中

《三十六计》第一计"瞒天过海"曰:"备周则意怠,常见则不疑。阴在阳之内,不在阳之对。太阳,太阴。"

意思是:防备十全十美,就容易斗志懈怠;平时司空见惯了的,也就不容易引起怀疑了。秘计就存在于公开化的事物里,而不存在于与公开形式相对立之中。非常公开的事物中往往隐藏着非常机密的心计。

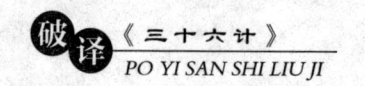

掩饰情绪显大将风度

作为一名领导，如何掩饰情绪，稳定军心是"瞒天过海"之计最突出的运用。

在某单位，一位领导早上来上班，突然听到下属说，李明先因有单位重金聘他，辞职了。这位领导听到这位爱才不辞而别的消息，顿时乱了手脚，神色慌乱，结果一下被别的下属知道了他的心中过分关注李明先，而不关注其他下属，结果大家心情涣散，一连几个星期，工作效率降低。这位领导真应该学一学瞒天过海之计，把自己的外露感情藏起来，保持平常心，从而让下属觉得你有大将风度。

毫无疑问，没有工作经验的年轻下属，遇到变故时，往往显得慌张，不能冷静下来分析问题。作为上司，应该有极佳的应变能力，才可以在适当的时间带领下属渡过难关。

上司好比飞机驾驶员、航海的掌舵人，一定要有准确的判断力，以及冷静理智的头脑，才能控制所属部门。不负责任的上司，只会将过失全推到下属身上，自己则向上级打报告，将责任推得一干二净。他们保持的心理，是宁可缺失一个员工，不能影响自己的"锦绣前程"。在工商社会，这种情况屡见不鲜。

基于性格的影响，可能你属于情绪紧张型，往往有意无意地表现了惊慌失措和狼狈的举止。这对个人形象的损害，是无可挽救的；因下属唯你的马首是瞻，你的反应，也正是他们的样板，连你也不知如何是好，下属的军心必然大乱。

最佳的例子，是一批下属突然集体辞职，虽然你知道是有其他公司进行高薪挖角，但却无力挽留下属。这个时候，如果你突然改变对待下属的态度，例如变得比平日谦恭或有意无意地恳求下属留任的话，你的上司形象必大打折扣。

如果你认为自己平日的作风正确的话，那么无论外界发生任何情况，导致下属流失，你都不要改变个人作风。与其做出恳求的挽留政策，不如积极招聘人手。此举是比较实际的，而且你的上司形象会显得更鲜明和硬朗。

无论任何时候，处变不惊是最重要的。不要随便说出："糟了"、"哎"、"真气人"等，这是不成熟、不老练的表现，只有未成熟的孩子才喜欢以此作为口头禅。这里的瞒天术"瞒"的是你的下属，其目的是稳住阵脚，全面发展。

瞒住你的聪明

泰勒·罗斯福在白宫的时候承认，如果他的判断百分之七十五是对的，行事便可以达到最高的期望。

如果像这样一位杰出的人物的上限是这个百分比，你和我又该当如何？

如果你能够确定自己的判断有百分之五十五是对的，便可以到华

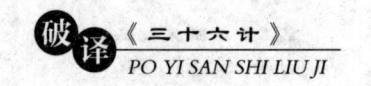

尔街去日进斗金。如果你不能确定自己的判断是否有百分之五十五是对的，又怎能指责别人常常犯错呢？

你可以利用眼神、音调或是手势来指责别人的错误，这和言辞表达一样有力——但是假如你指出对方的错误时，对方会因此同意你的观点吗？绝不会的！因为你已经伤害了他们的智力、荣誉和自尊，这只会造成反击，而不是改变观点。也许你会用柏拉图或康德的逻辑理论反驳，但还是没有用，因为你早已伤了他们的感情了。

千万不要开始就宣称："我要证明什么给你看。"这等于是说："我比你聪明，我要让你改变看法。"这实在是个挑战，无疑会引起反感，爆发一场冲突。在这种状态下，想改变对方观点根本不可能。所以，为什么要弄巧成拙？为什么要麻烦自己呢？

如果你想证明什么，别让任何人知道。要不着痕迹，很技巧地去做。就像诗人波普所说的："你在教人的时候，要让人觉得你像若无其事一样。事情要不知不觉地提出来，好像被人遗忘一样。"

300多年以前，科学家伽利略说过："你不能教人什么，你只能帮助他们去发现。"

契斯特菲尔爵士也告诉儿子："要比别人聪明，但不要让他们知道。"

苏格拉底一再告诫门徒："我唯一知道的，就是不知道什么。"

每个人都有自己的做人原则，有些人可能喜欢平淡从容，有些人可能喜欢锋芒毕露。我们会发现踏踏实实的人很容易与人共处，而锋芒毕露的人则没有什么太好的人缘。人缘可不是小问题，它的好坏直接影响着你社交的成败。因此要学会瞒住你的聪明。

转移视听巧妙安排

有人投诉你的上司办事不力，刚巧他不在，由你接听电话，对方满腔愤怒尽向你发泄，难听的话也出现了。由于对方说得确实有据有理，你无从解释，只得唯唯诺诺。这时你该怎样使用"瞒天过海"之计呢？

其实，问题是在挂了电话之后，你应该将事情向上司和盘托出呢？还是向其他同事讨教？或者，索性当做没有听过那电话？

三种做法都不妙。将投诉者的说话一字不漏地向上司复述，你以为"被人当众批评"的滋味如何？这等于叫上司没有下台阶的余地，那么，你自己也同样没有好回报的，甚至会被上司以为有意使他出丑。

向其他同事讨教，不就是将上司这件丑事公开？给予那些平日与上司不和的人一个突袭机会？弄巧成拙，万万不可。若无其事也是行不通的，投诉者若得不到回应，必然会再次投诉，事情就可能愈闹愈大了，甚至后果不堪设想。

所以，你该在接听电话时告诉对方："对不起，我先代他向你道歉，请在一小时后再来电，我看由他亲自处理会更好。"然后向上司报告，由他自解困结。

人事斗争一旦牵涉你的上司，也就间接影响到你了。你唯一可以做的是，做个上司的永远支持者，别怕给人家冠以"拍马"之名，想深一点，连顶头上司也背叛之人，还有人肯信任或重用他吗？孰得孰失，你自会作出明智的抉择。

听到别人讲上司的坏话，是否应该立刻报告？当然应该，但不应一字不漏地相告，尤其是一些难听、损害上司尊严的话，可以省略，只需

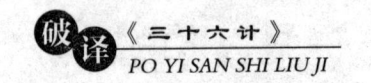

将坏话的大意转告，请上司有心理准备就足够，遇到别人对上司进行尖锐的批评，而你又在座，你当然不会插嘴，但为避免尴尬，也为了表态，你不妨起身离座，表示你的不满。

万一有人请你发表意见，就平心静气地说："对不起，我的责任只是为上司做事，其他的可没有多余时间去理会。"

或者，你明知某件事是上司故意所为，请扮作不知情（包括上司），这样，才能巧妙地避免卷入人事漩涡里，产生不必要的误会。

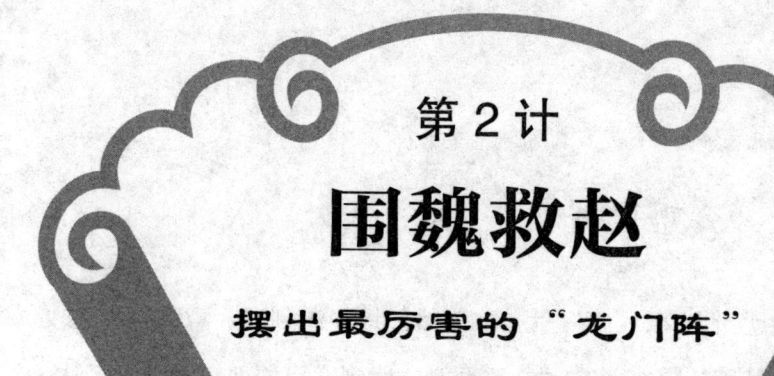

第2计
围魏救赵
摆出最厉害的"龙门阵"

《三十六计》第二计"围魏救赵"曰:"共敌不如分敌;敌阳不如敌阴。"

其大意是:集中、强大之敌,应当诱使它分散兵力而后各个歼灭;正面攻击敌人,不如迂回到敌人的后方,伺机歼灭敌人。

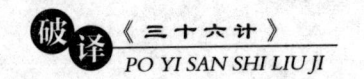

以迂为直　委婉批评

"迂"乃迂回之义，"直"就是如直线般地一通到底。意谓领兵进攻时切勿急于短兵相接，迂回前进，反而能快速到达目的地。欲速则不达，亦即这个道理。这是"围魏救赵"之计的精髓。那么，在生活中如何运用"围魏救赵"之计呢？举个例子：

在人际交往中，我们不可能每时每刻都赞美别人，每时每刻都说别人爱听的话，因为别人不可能总是正确无误，我们也不可能没有做事的原则，当我们发现了别人一有错误的时候，我们就应当指出他的错误，批评他的错误，使他改正。

可是，批评别人并不是一件容易做的事，这有两方面的原因，对于批评者来说，批评别人往往会使别人不高兴，甚至会对自己产生怨恨之情，为了避免别人对自己的怨恨，有些人就不愿意批评别人。有的时候，别人不接受自己的批评，甚至与自己争吵，这也会使自己没面子，所以这也导致一些人不愿批评别人。

对于被批评者来说，挨批受训并不是一件愉快的事，因为接受批评往往意味着自己做错了事，别人批评自己就意味着将自己的错误公之于众，这会大大地丢自己的面子，别人的批评不会使被批评者脸上有光，所以一般的人是不欢迎别人的批评的。

既然批评别人是一件很困难的事，那么有没有什么方法可以使这样的事变得容易起来？即使批评者好意思开口指出别人的错误，又如何使被批评者乐于接受别人的批评呢？

方法是有的，这就是批评别人时要婉转，婉转地批评别人能够保全被批评者的面子，不会使被批评者尴尬，使他们在不知不觉中意识到自己的错误，从而痛改前非。同时，因为婉转的批评不会导致被批评者激烈地对抗，不会得罪被批评者。

人际关系有时也是这样，已然裂变的友谊需要花时间慢慢愈合。

从事工作或谈判之时，倘若一言不合，便恶言相向，互揭疮疤，将使事情触礁，难有结果。这时应该使自己冷静下来，从侧面试探，重新设法制造接近的机会。

上面那句话反过来又可以应用在人际关系上面。与人相处最重要的是不要发生正面冲突，如果处处摆出不能容人，对别人的一点小错均不肯轻易放过，随着日长月久，结怨必深。

尤其应该避免人前人后谈论是非，或与朋友三三两两聚集的时候暗箭伤人，把对方批评得体无完肤。纵使一时人心大快，趾高气扬，得意扬扬，但话若不慎传至对方耳里，那时难堪的倒是自己。

跟他人发生龃龉时，不妨先聆听对方的意见，若实在无法苟同，可在不损及对方颜面的前提下，替对方制造下台阶，然后将自己的主张婉转提出，往往能获得较好的效果，这种安排亦即《孙子》所主张的"以迂为直，以患为利"的富于弹性的曲线思维。

人们之所以经常在人际关系上受挫失败，一部分原因便来自对事轻易承诺，事前答应既未经深思，事后又否认承诺，这样自然会失去人心，更无法获得部下佩服。因此，要想做一个聪明人，出言务求慎重，以免

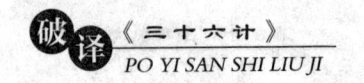

给人留下恶劣印象。所以处理人际关系，方法是一个重要的手段，在适当的时候来点以迂为直，"围魏救赵"之术，是完全有必要的。

避实击虚　宗一郎打造"本田王国"

日本有家公司，在世界4辆摩托车中就有它制造的1辆，在日本汽车制造业的三足鼎立中有它这个强劲的一方，且行销渐有独占鳌头之势。这家公司名叫"本田技研工业公司"，世界商界却管它叫"本田王国"，其"国王"是"令人生畏的本田宗一郎"。其实，30多年前，本田王国只是个不值一提的小作坊，国王本是个不起眼的靠修车起家的小铁匠。

他1907年出生在名古屋城北滨松镇的本田铁匠铺里，因是长子，取名宗一郎。幼时听到的是打铁声，看见的是铁家伙，玩具也是父亲用铁皮做的，耳濡目染使他与铁制机械结下不解之缘。

涉足汽车业远比制造摩托难。宗一郎虽在1963年暗中起步，但因列强称霸的格局使他施展艰难。其后，日本汽车制造业的老大"丰田"、老二"日产"更把本田看得死死的，而美国的福特虽用主要精力对付丰田和日产，但也在提防着本田。勤于思索的宗一郎记起了创造性思维的对应规律，心想你们研究"矛"，我就研究"盾"；你有所长，我就专攻你的所短。他针对丰田凭轿车和普通车为优势，福特靠大型车称雄的状况，把价廉、省油、低公害的轻型轿车作为自己的处女地。

1970年美国修订《净化空气法案》，1975年实行严格的汽车排废规定。宗一郎加紧了研究步伐。不久美国派出用户监察员抵日本考察，丰田公司不当一回事，本田却虚位以待，诚心求教。1972年本田的耗油低、污染小的CVCC发动机研制成功。1973年世界石油危机降临，本田的小汽车立刻成为日本市场的抢手货，一举夺下丰田、日产的轿车市场，成为日本汽车制造业的老三。本田转身攻向福特的大型轿车，迅速拓展美国市场。

福特的第一反应不是改进产品适应市场需要，而是要求美国政府限制日本货进口，意在困住本田车。宗一郎这次直截了当地使用"围魏救赵"之计，在俄亥俄州广设汽车装配厂，使本田车源源不断地流向美国辐射欧洲，这一手不仅抵挡住福特的堵截，而且使紧紧追赶的丰田背腹受敌。丰田不久也生产出新型车，但日本市场已被本田夺去，而销往美国又受到严格的进口限制。此后宗一郎在美国建立汽车制造厂，大批生产本田车，使福特转产的小型节油车在市场上"慢了一拍"。他的成功受到美国机械工程学会的嘉奖，颁给"荷利奖章"，他成为世界汽车工程师戴此奖章的第二人，第一个是亨利·福特，美国人因此叫他"日本的福特"。

功成名就之后，宗一郎主动引退，把总裁位置让给对本田公司有卓越贡献的45岁的雇员河岛喜好，而任顾问兼董事，关注技术开发。1988年，本田公司打破现行汽车发动机的"四冲程式"，发明了"六冲程式"，极大提高油燃效率，并在英国大赛中创下每升汽油行驶229公里的世界纪录。专家们预言，装有这种发动机的新车将成为21世纪的低燃耗汽车。丰田汽车公司再不迎头赶上，日本第一的桂冠难保不被本田摘走。

第3计

借刀杀人

自己躲在暗处掌控局面

《三十六计》第三计"借刀杀人"曰:"敌已明,友未定,引友杀敌,不自出力,以《损》推演。"

意思是:敌方的情况已经明朗,盟友举棋不定,要诱使盟友去消灭敌人,以保存自己的实力。这是运用《损》卦中关于"损下益上"的求胜之法,即自己作出谦让之状,希冀盟友有所作为。

要善于网罗人才

作为管理者并不是什么时候都对他人无所求,相反,他们是那种最懂得求人又善于求人的那种。即借人有借法。

《花花公子》杂志总裁海芙纳拥有一切成功企业家的特质——精明果断、擅长授权。而在博采众长这方面,她又绝对高人一等。

身为老海芙纳之女,一般人都认为她命好,"继承"了父亲的事业。事实上,1982年她接手的是一家问题重重的公司,每年亏损5000万美元,利润丰厚的赌场事业已成过去,花花公子杂志本身也仿佛与时代脱节。

不眠不休的工作加上精明的管理,她终于使公司转亏为盈,重振声威。真正的情况应该是:她继承《花花公子》杂志并非幸运,反而是花花公子有幸找到明主。

刚接手《花花公子》杂志时,海芙纳并不像一般人一样迫不及待地想表现自己的能耐,却刻意网络了一群顾问。正如她所说:"聪明的人才永远不嫌多。"

她随即设立"总经理"一职,重用一位能力甚强的财务主管。

海芙纳对巴菲特担任贝克夏·哈塞威企业董事长所创下的惊人业绩,已有耳闻。巴菲特是公认的投资奇才,长于发掘有价值的特许权,然后进行长期开发。

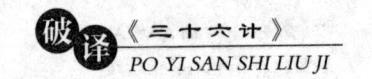

于是她写信给巴菲特，表示有意对某家公司的特许权做长期开发，并且愿意在他到芝加哥、纽约或洛杉矶时，请他吃午餐。

不到一周，巴菲特即回信说，很少到那些大都市去，但如果海芙纳造访奥玛哈，他倒很愿意碰个面。要不然，新年期间他与家人会到圣地亚哥北边的加州海滨去度假，顺便也欢迎她来访。于是海芙纳刻意赶到加州，与他谈了一下午，获益良多。日后又两度亲往奥玛哈。谈话的结果是巴菲特同意做她安排的财务主管角色。这样降低自己的姿态求人的做法正是许多管理者的擅长。

一封信，一趟旅行，便换来一位可贵的顾问。网罗到人才就能利用其聪明才智为自己服务，也就是"借"得人才发展自我。

借兵破敌汇丰大败美银团

早在20世纪60年代，美国几家大银行组成银团，开始实施一项惊人的秘密计划：占领香港金融界，彻底打垮华人和英国人在香港的金融实力，夺取香港，控制东南亚。计划一出台，美国金融大亨们纷纷来到香港"旅游"、"度假"。他们的到来，使香港的股票市场发生了巨大的股票买卖风潮，这一风潮险些把资金雄厚的香港汇丰银行置于死地。多亏他们急中生智，亮出绝招，才得以转危为安，反败为胜，挽狂澜于即倾。

香港汇丰银行是一家金融集团，在香港有着雄厚的根基和社会基础，实际上起着香港中央银行的作用，其首脑人物与当地居民也有着传统的密切联系。因此美国银行视其为"眼中钉",只有打垮汇丰银行,才能稳获香港金融大权,但要击倒汇丰,又谈何容易呢?

美国金融界的人士进攻汇丰银行的策略,在香港之行前夕就早已谋定。他们首先利用香港当时的股市传播信息系统不灵活的条件,大量收购汇丰银行股票。一时间,汇丰银行股票连翻数倍,不断暴涨,成为人们手里发财的象征。汇丰银行为平抑股价,开始抛售股票,但杯水车薪无济于事。紧接着,美国人在一两天内把所有收购的汇丰银行股票向市场低价抛售,并制造各种谣言,散布汇丰银行经营状况不好,汇丰股票如同废纸等等。一时间,汇丰股票价格如落潮般狂跌下来,在银行挤兑现款的人越来越多。形势对汇丰银行十分不利。

很明显,如果不收尽这些堆积如山的股票,任其继续下跌,汇丰的信誉便会一落千丈,甚至有关门垮台的危险。谁知形势比预料的还要糟,就在汇丰银行筹集资金大量吃进股票时,分布在全港的汇丰各分支机构也频频告急:许多不明真相的储户纷纷提款,使银根紧张,如不关门停业,存款有被提空的危险,一份份写有"绝对机密"的电文飞到汇丰银行总部,总部决策人陷入了有史以来最大的困境之中。

面对美国银团的挑战,汇丰银行开始进行反击。他们首先广而告之,安抚民心,强调汇丰银行久盛不衰的秘密在于对每一位储户负责。然后,他们马不停蹄地四处贷款,先找老关系户,不行,再找新关系,也不行;最后找到香港黑社会组织,请他们助一臂之力,但是一切努力都未能奏效,借款的工作人员四处碰壁,谁也不肯把钱借给看来即将破产的倒霉蛋。汇丰银行既无力收购股票,也无力支付挤兑,失败的结局似乎离汇丰银行越来越近。战场是无情的,你死我活。商战也是如此,是生与死

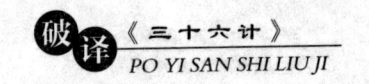

的较量。在这生死存亡的严峻考验面前，汇丰银行在走投无路的情况下，猛然找到了一剂起死回生的灵丹妙药，那就是向香港的大后方——中国大陆金融机构求援。

对于美国金融界的野心，中国大陆驻港金融机构早已察觉，并曾多次提醒汇丰银行注意，但由于汇丰银行没有防范，结果吃了大亏。如今在这极为关键的时刻，中国金融机构本着稳定香港的目的，决定支持汇丰，保证香港的经济稳定。

事实证明，这个决定是十分正确的，有着重要的战略意义。大陆驻港人员以最快的速度把香港发生的一切反馈到北京。中国金融的权威机关，中国人民银行立即作出决定：支持汇丰银行。并迅速指示驻港机构以最快的速度办理贷款过账业务，一切都以最高效率进行。与此同时，香港新闻媒介立刻作了大标题披露："中国人民银行与汇丰银行联手共进"，"汇丰银行信心的一票来自大陆"等等。大小报纸从头到尾进行报道，一时间成为港报的主旋律。

香港的股民和储蓄客户知道，汇丰银行有大陆金融机构撑腰就意味着，汇丰银行的资本不会枯竭，资金信用是毫无疑问的。他们看到了这场厮杀的前景。紧接着，形势急转直下，汇丰股票价格直线上升，储蓄额再领风骚。天外有天，人外有人，美港金融大战，半路杀进了个程咬金，形势由对汇丰不利转为有利，来港的美国人只能望洋兴叹，本想吃掉汇丰，没想到聪明反被聪明误，搬起石头砸了自己的脚。

由于大陆金融机构的加盟，战局已经明朗，美国银团被迫与汇丰银行进行谈判。由于美方高价吃进，低价抛出，损失了很多，并且为弥补汇丰银行损失，不得不同意将一个航空公司拱手相让。汇丰银行为保证香港金融业的稳定发展，同意让美方在香港保留一部分资产，并让美方承诺，今后不再发生类似的事件。事后，美方一位金融界高级人士讲，"汇丰银行邀请大陆金融机构参战，这一招太绝，也太狠，差一点使我们全军覆没。"这一仗中，汇丰正是"借"中国人民银行这把"刀"，"杀"的是美国银团这个"人"。

第4计

以逸待劳

不经意间收获成果

《三十六计》第四计"以逸待劳"曰:"困敌之势,不以战,损刚益柔。"

意思是:围困敌军的进攻态势,不用实战攻击,待敌精疲力尽、声威锐减、攻防双方的态势发生逆转之时,我方便可以变被动为主动了。

待之以疲促成谈判

在谈判中，常见"以逸待劳"之计的灵光闪现。请看：

1978年9月17日，美、埃、以签订了戴维营和平协议，埃以关系进入缓和时期。为了促进埃以关系的改善，在谈判桌上，卡特以超人的耐心和别出心裁的方法打破了谈判僵局，促成了埃以双方早日签订协议。

卡特把谈判地点安排在戴维营一个偏僻的没有生气的地方，这里没有繁华的街道，喧闹的市场、电影院、酒吧间、夜总会一概与它无关，普通人不去那里消闲，时髦男女不见出没。卡特在那里安排了两辆自行车，供前来参加谈判的14个人玩耍，此外再不增加其他娱乐设施。晚上休息时，人们可以任选三部乏味的影片中的任何一部片子观看。

埃及总统萨达特和以色列总理贝京从9月6日开始先在戴维营这座别墅休息了几天，每天也没什么好玩的，几部电影片看来看去也都快背熟了。

这样到了第8天，从此每天早晨8点，萨达特和贝京会准时听到同一节奏的敲门声。随着听到那个熟悉声音友好地说："你好，我是卡特，我们再把那个乏味的题目讨论一天吧。"萨达特和贝京起初还认为这种消遣持续不了多久，双方都顶着牛，不愿让步。到了第13天，两人都实在受不了了，有点脾气也磨平了。双方在该签字的地方写下了他们无

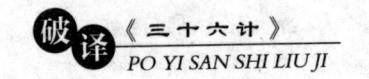

可奈何的笔迹。

关于戴维营协议签字经过，卡特后来调皮地对人说："那招是我向最小的儿子学来的。"卡特的这一招正是"以逸待劳"之计的妙用。

延时疲敌日商击败"山姆大叔"

一位美国人前往日本参加一次为期14天的谈判，他怀着美国人所特有的自信，心想一定要大获全胜。飞机着陆后，他受到了日本方面的热情接待，日本人诚恳而热情地表达了对他的问候，随后请他坐上豪华舒适的轿车。显然，日本人把他看做非常重要的人物，这使得美国人不禁暗自得意。他被安排住进一家高级酒店，日本人客气地说："您的一切花费由我们来支付，请尽情享受。"随后又问："您来过日本吗？"

"不，我是第一次来。"

"那您一定要在这里多待几天，看看我们日本的名胜和文化。我们会安排好您到各地的旅行。"日本人又问："您是不是一定要准时回国？我们可以办好您的机票和所有手续，并且将准时送您到机场。"

美国人感觉到这次工作是一次非常愉快的旅行。

接下来的几天，日本人周到地安排美国公司代表的行程，闭口不提谈判的事，一切仿佛表明谈判及签约都是轻而易举的，不用多虑。

第12天，谈判才算开始。但未谈多久，日本人提出因为安排了专门的活动而早些结束谈判。第13天，日本人设宴盛情款待美方代表，又提前结束谈判。

最后一天早上，实质性谈判才真正开始。正到了关键时刻，美国人被告知飞机起飞的时间快到了，送他去机场的轿车已准备好。日本人建议剩下的问题在车上继续谈。结果美国人再也没有时间集中精力去讨价还价了，只好在日本人早已拟好的文件上签了字，而日方，则是在谈笑之中取胜美国疲惫之军。

应变有术松下轻松胜索尼

在日本企业界被称为"一代宗师"，被誉为"经营之神"的松下幸之助，在讲述其经营之道时，特别强调说明："经营事业，首先必须考虑的，就是如何获得和培养人才。如果他们问你：'你的公司在制造什么？'你要回答：'松下电器在制造人才。当然我们是在制造电器产品，但是在这以前，要先培养人才'。"

日本松下电器公司不愧为"培养人"的企业，堪称谙熟"以逸待劳，后发制人"营销术的高手。该公司一直把提高产品质量和降低价格作为工作的重心，从不盲目地赶时髦，也不热衷于花大气力去推出新技术，而是着眼于改进"最新技术"，并在延伸其功能上刻意攻关。

而索尼公司却恰恰相反。在1946年索尼公司成立之初，就在公司宗旨上赫然写着："公司绝对不搞抄袭仿造，而专选他人甚至以后都不易搞成的商品。"该公司创始人之一盛田昭夫在其所著《索尼经营绝招》一书中，也将不断开发新产品作为招数之一做了详细介绍。几十年来，该公司在新技术的投入上不惜金钱，常常投入大量的人力、物力、财力，

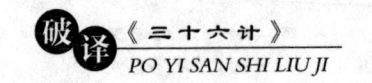

不断推出新产品，企望以开拓者的姿态抢占家电市场。可事与愿违，时常败给松下。

索尼公司也堪称人才济济，财力雄厚，而且又有个敢于对美国说"不"的总裁盛田昭夫，缘何时常败给松下呢？下面的实例也许能揭开其中的"庐山真面目"。

1969年，索尼公司首先研制成功家用小型录像机，一时成了热门货。松下公司并没有急于跟进，而是面对复杂的竞争局面冷静思考，进行深入的市场调查，积蓄力量，伺机而动。

在1975年，索尼公司RCA录像时间长达两个小时，松下欲使自己的产品在美国站得住脚，ACR必须能将很长的体育比赛实况录制下来，松下只有在索尼产品的基础上背水一战，一则省了研究时间，轻松上阵，而此时索尼已坐吃山空。松下总经理一拍胸脯，神情自若地对RCA说："松下能够提供录像长达4小时的VCR。"双方当即签订了供货合同。这哪里是商谈，简直是赌博，而且是一项风险很大的赌博，因为此时此刻松下甚至还没有生产过录制长达两个小时的机器。

君子一言，驷马难追，况且双方又有合同为证。松下公司立刻从其他部门、实验室和分公司广招贤才，寻求帮助，把各部门的技术骨干动员过来，同吃喝，共睡眠，经过一段时间的协同作战，终于攻克难关，研制出能录制4～6小时的录像机，奇迹般地在合同规定时间以前交了货。

该机一上市，就以它低廉的价格（比索尼机低15%）及广泛的用途（录像时间是索尼机的2～3倍），博得广大消费者的特别青睐，索尼一败涂地，不战而退。

第5计

趁火打劫

借势闯出一片局面

《三十六计》第五计"趁火打劫"曰:"敌人害大,就势取利。刚决柔也。"

其大意是:敌方遇到困难、危机,就乘机出兵去夺取胜利。这就是强者趁势取利,一举打败处于困境之敌的策略。

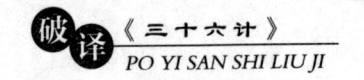

新官上任　趁热打铁

新领导上台，常要趁热打铁，来个下马威。但从根本上讲，还是要做到天天趁热打铁，让下属不松懈。

年纪轻轻就当上领导的人，如果不加强修养和学习，就会将自我的大好前程毁于一旦。下面的三个问题是新任领导要想趁势造势，必须小心保持的，不可掉以轻心。

（1）永远保持进取心

进取心是一个干部的宝贵品格，是责任心、事业心强的表现。这就好比一列火车，机头马力的大小，决定了列车运行的速度和所承载的吨位。如果机头好，马力大，火车运行的速度必然快，载运货物的能力也必然大；反之，则又慢又少。进取心就是列车上的动力。火车机头有了强大的动力，就不愁火车在轨道上奔驰；一级领导有了强烈的进取心，困难和挫折就不在话下，一定能轰轰烈烈地干出一番事业。进取心是一种勇往直前、不畏艰辛的献身精神，它并不为年龄所限。一般说，青年是朝气蓬勃的，但并不因此可以得出结论：凡年轻人都有强烈的进取心。人老不算老，心老才算老，年老的人仍然可以有旺盛的进取心。著名作家姚雪垠七十多岁时，仍孜孜不倦地研究明史，在浩瀚的史料海洋中汲取养料，清晨三四点钟就起床写作历史巨著《李自成》，这种锐意进取的精神难道不令人肃然起敬？可见年龄对进取心并不是一个决定因素，关键还在有没有一个远大的志向。与姚老相反，有的人年纪轻轻，只因已当上了某一级领导，就认为目的达到了，从此不思进取，这样下去人生只能走上下坡路。

（2）与原来的同事和谐相处

小王刚升为一个小组的负责人，原来的同事就成了他的下属，小王感到他们开始与他保持距离，除了不太愿意汇报工作情况外，有问题亦不会主动向他提出，反而在部门开会时在大老板面前说出来。小王通过思考决定，首先要做的不是建立上司的威严，而是继续保持与同事间友好的关系。纵使升了职，成为他人的上司，也应该让大家参与某些重要决定，主动组织小组讨论，以明白各人的想法与面对的问题。这样，大家信息的沟通也非常方便，他放下上司的架子，一起吃饭、消遣，彼此轻松地交谈，促进了工作上的合作。

（3）一切尽力而为

不要因为是新提拔的人就认为以前的失误与自己无关，如当公司经济情况出现混乱，个人的工作量和压力相继增加。此时应了解下属的感受，尽能力安抚众人，做一些可以为他们做的事，例如赞赏其工作表现等。另一方面，则应将下属的情况反映到上层，因为很多时候管理层会忽略下层员工的感受，甚至不了解他们的困难。即使反映过后没有大的改善，也总算是尽力而为了。

快速决断 顺事而谋

在工作中,对领导者所作的决断要求是很严格的,它必须体现科学性、严肃性。依据实践经验和科学性要求,具体来说必须做到:

(1) 要博采众议,不要主观武断

博采众议,指的是一个正确决断必须认真听取各种不同意见,并考虑到诸多方面因素,既不偏激又不脱离实际和群众,从而能做出正确判断和决定。因此切忌主观武断,所谓主观即听不进客观合理意见;所谓武断即由个人简单的专断。这种作风与博采众议的民主作风是根本对立的,必须加以反对。因为科学决断是以充分发扬民主为基础和前提的,离开了发扬民主就要脱离实际和群众。这样,既不能正确处理问题,也不利于调动群众的积极性。所以,主观武断,是正确决断的一大忌,应力求避免出现。

(2) 要权衡利弊,不要好大喜功

权衡利弊,就是决断时对利弊得失要全面分析。依据现代管理学要求,"两利相较取其大,两弊相较取其小,做到不以小利害大利,不以小局害大局,不以眼前害长远。"只有兼顾利害两个方面,把小利与大利、局部利益与全局利益、眼前利益与长远利益统一起来,才能防患于未然。曹操所说"在利思害、在害思利"也是讲的这种意思。这里所说的不要好大喜功是说决断时应保持清醒头脑,不作主观论定与客观事实不相符合的事情,以免导致不良后果;只有在情况明、决心大的情况下才是对头。如果对客观情况还没有弄清楚,就下决定或决断是没有不吃苦头的。这种教训,过去也屡见不鲜,应引以为戒。

（3）要顺势而断，不要逆理而为

古人说："顺势而谋"，"因势而动"。这种"势"，即指事物发展的趋势和客观条件。这样，领导者对重要事件进行决断时，一定要考虑到事物发展的趋势和客观条件的变化，顺应事物发展规律作决定。违背了客观规律的决断是不会有好的收效的。多懂一点趁势而动，对于领导者巧妙地达到目的，大有裨益。

趁热打铁　一举成名

苏珊·海沃德长得漂亮、苗条、性感，她的青年时代，正是好莱坞的主要制片公司发展的全盛时期。她像其他雪亮的童星一样，怀着成为好莱坞电影明星的梦想，当上了合同演员。她进入好莱坞的最初几个月中，面对的不是摄像机而是照相机。她穿着泳装，日复一日地摆弄出千姿百态，为广告照作模特儿。她那充满魅力的微笑，随着报纸杂志的广告传遍五洲四海。读者们，也是电影的影迷们，对她已经具有一种倾倒和渴望的感情。

然而苏珊一直得不到当演员的机会，当她询问老板时，得到的回答总是："耐心地等一等，总有一天会推荐你的。"

有一次，机会突然来了。1938年，派拉蒙公司在洛杉矶举行全国性的影片销售会。苏珊接到旅馆舞厅的通知。舞厅里来了很多电影院的老板和来自各州的商人。影星们进入舞厅之前，派拉蒙公司对自己的影片已进行过大肆宣传。

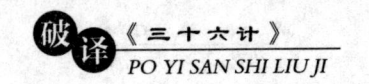

影星们一个接一个与观众见面。苏珊出场时，会场上发出了一片欢呼。她此前还没意识到这是一次机会。她面对观众，像对老朋友们一样微笑着说："我知道你们都认识我，你们中有谁见过我的照片？"

台下立即有许许多多的人举起了手。

"有人看过我在电影里的形象吗？"没有人举手，只有笑声。

苏珊趁热打铁，发问道："你们愿意看我在电影中的形象吗？"

会场上响起了雷鸣般的掌声，代替了回答。

苏珊这一计即兴拈来，大获全胜，于是她说："那么，诸位愿意捎个话给制片公司吗？"

这是一次民意测验，那么多观众的代表想看苏珊在电影中的形象，制片公司的老板得到这一民意测验的结果，完全可以判断，如果请苏珊出演影片，此片一定走俏。于是苏珊不久之后便受聘出演，上了银幕，并且成了大明星。她在《我想生存》一片扮演的角色使她荣获了奥斯卡金奖。

难道你不承认苏珊·海沃德是趁热打铁，一举成名的高手吗？

第6计
声东击西
施展飘忽不定的套路

《三十六计》第六计"声东击西"曰:"敌志乱萃、不虞、坤下兑上之象。利其不自主而取之。"

意思是:战争中敌方的指挥乱成一团,不能判明和应付突然事变的发生,这正是潭水高出地面,随时有溃决危险的征象。必须利用敌方失去控制力的时机而将它消灭。

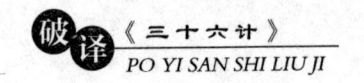

避强击弱忽"东"忽"西"

谈判的目的就是要使双方得到利益上的满足，当一方处于被动的局面时，在重要问题上仍然要坚持立场，而在次要利益上一再作出让步，装作力不克敌之状，给对方以满足。

在大多数人的心目中整数比较令人愉快，比较能够吸引人的注意力。的确，它具有一种简单利落的性质，而简单利落的事物容易解释容易把握，能很快博得人们的欢心，而这种心理往往不为人知地促使生意成交。

一个美国人到墨西哥去购买汽车零件，零件的标价是二百五十比索，惯于照价付钱的美国人照付了，结果他大大吃了亏。如果换上一个当地人，他会通过讨价还价而少付这五十比索的零头。因此，一笔开价十万二千四百元的货物，精明的卖方大多会控制在整数作起点，在进行谈判时以十万元的出价成交，让对方感到自己已作了很大的让步。

其实，舍零取整的做法只是卖方在微不足道的利益上的让步，可见，故意声东，适当让步带来的心理效应是何等之妙。处事做人也应该吸取这种商业买卖的技巧，在不知不觉中战胜对手，达到你的目的。这种做法在做人处世上，化解个人恩怨，化敌为友，可以得到灵活的应用。

故作姿态摩根施巧遂其意

　　约翰·皮尔弗特·摩根出生在康涅狄格州首府哈特福德，一个到处都是古典式房屋和教堂又临近纽约的美丽的小镇。摩根从一个无名小辈，成长为纽约市华尔街的第一号人物，荣登美国经济霸主宝座，是与他一生中善于把握机会，并及时巧妙利用机会的能力分不开的。

　　一天，摩根在华尔街的办公室里来了一位拜访者，这人比摩根大2～3岁，名叫克查姆。小伙子果敢机智，很有才华，与摩根谈得很投机，两人都有一种相见恨晚的感觉。

　　"有一笔黄金买卖，想不想干？"克查姆问摩根。原来克查姆的父亲是华尔街的投资经纪人。克查姆从他父亲那里得到了一些好消息。他告诉摩根，他父亲从华盛顿方面得到确切消息，最近一段时期，北军伤亡惨重；同时，政府准备出售200万美元战时债券。

　　这个消息对于摩根来说，是相当及时的，也是至关重要的。在黑市上做交易，必须以可靠的信息做保障，同时，还要具备冒险的精神。只有这样，才能从黑市的交易中牟取暴利。

　　"只要能赚钱，为什么不干？"摩根浓眉下那双深不可测的蓝色大眼睛立刻闪烁出喜悦的光芒。

　　在克查姆的建议下，摩根立即同在伦敦的皮鲍狄先生打了个招呼，通过皮鲍狄公司和摩根共同付款的方式，秘密买下了400～500万美元价值的黄金。他将其中一半黄金给皮鲍狄汇往伦敦，另一半自己留下，并故意让汇款走漏风声。于是到处都在流传着皮鲍狄买下黄金的消息，而此时又恰遇查理斯敦港的北军战败，黄金价格猛地暴涨。摩根恰

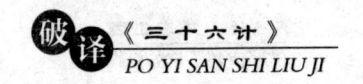

到好处地把手里的黄金全部抛出，成捆成捆的钞票顷刻间全部落入他的钱袋。

摩根靠这种"声东击西"的策略着着实实地发了一大笔。羽翼渐丰的摩根，充分显示了他的经商才干。随着摩根在黑市交易中的一次次胜利，摩根商行的资本不断扩大，在华尔街的影响也与日俱增，摩根终于从一个无名小辈成长为华尔街金融界的一颗新星，从而也揭开了他事业辉煌的新篇章。

虚中隐实韦普巧计推销用电

菲德尔费电气公司的约瑟夫·S·韦普先生去宾夕法尼亚州推销用电。当他敲响一所看来较富有也较整洁的农舍门后，门只打开了一条小缝，户主布朗肯·布拉德老太太从门内向门外探出头来。当她得知来人是电气公司的代表后，猛然把门关闭了。无奈韦普先生再次敲门，敲了很久，她才又将门打开，但仅仅是勉强地开了一条小缝，而且还未等对方说话，她就不客气地向对方破口大骂。

虽然出师不利，但韦普先生却并不服输，决心换个法子，碰碰运气。他顿时改变口气，大声地说："布拉德太太，很对不起，打扰您了，我今天来拜访您并非为了电气公司的事，只是向您买一点鸡蛋。"听罢此言，老太太的态度稍微温和了一些，门也开大了一点。韦普先生接着说："您家的鸡长得可真好，瞧它们的羽毛有多漂亮。您这些鸡大概属多明尼克种吧！能否卖给我一点鸡蛋呢？"

第6计　声东击西
施展飘忽不定的套路

这时，门又开得更大了些，老太太很认真地问韦普："您怎么知道这是多明尼克种鸡？"

韦普知道自己的话已经打动了老太太，便接着说："我家也养了一些鸡，可是像您喂养的这么好的鸡，我还真是没见过呢！而且，我饲养的来亨鸡，只会生白蛋。夫人，您知道吧，做蛋糕时，用黄褐色的蛋要比白色的蛋好。我太太今天要做蛋糕，所以就跑这里来了……"

老太太一听这话，顿时高兴万分，不再有丝毫的戒备心理，立刻从屋里跑到门廊来。韦普则利用这短暂的时间，瞄了一下四周的环境，发现他们拥有整套的酪奶设备，于是继续恭维道："夫人，我敢打赌，您养鸡赚的钱一定比您先生养乳牛赚的钱多。"这句话说到了老太太的心坎里，她简直心花怒放。因为长期以来，她丈夫虽不承认这件事，而她总想把自己得意的事告诉别人，真乃知音可遇而不可求也，老太太兴奋地带韦普先生参观了她的鸡舍。参观时，韦普先生不时发出由衷的赞美，他们互相交流养鸡经验与常识，彼此间相处得那么融洽，几乎无话不谈。

最后，布拉德太太在韦普先生的赞美声中主动向他请教用电的好处，韦普给她做了满意的回答。两周后，韦普在公司收到老太太交来的用电申请。韦普先生推销用电的实例正是"声东击西"的妙用。

第7计

无中生有

在空棋盘上做文章

《三十六计》第七计"无中生有"曰:"诳也,非诳也,实其所诳也。少阴,太阴,太阳。"

意思是:用假象欺骗敌人,但不是弄假到底,而是巧妙地由虚变实。也就是说,开始用小的假象,继而用大的假象,最后假象突然变成真相。

巧中有巧　赢得众多人心

齐格菲是举世闻名的马戏团主持人，他曾经风靡了百老汇，由于他对赞美少女有绝妙功力，因此使他赢得了不错的声誉。他不断地将那些人们看了一眼就不会再看第二眼的小家碧玉，摇身一变为令人感到既甜美又具诱惑力的性感女神。由于他非常深刻地了解赞美与自信的重要性，因此他用恳切与尊重的态度使那些女人感到自己是非常的美丽，他并以实际的行动表现出他的恳切与尊重，他把歌舞女郎的薪水从周薪三十美元提高到一百七十五美元。当她们在富里斯开幕的那个晚上，他打了一封电报给那些跑"龙套"的明星们，祝贺她们的演出，并且送了一大堆标有"美国小姐"的玫瑰给那些歌舞女郎。

当菲德·蓝特在主演《统一维也纳》时曾说："我最需要的就是自尊心的滋养。"我们平常都很注重我们身体的营养，但是我们却很少注重自尊心的滋养，通常我们为了身体所需要的能量，就会多吃一点富有营养的食物，但是我们往往会吝于给予别人一些赞赏。有些读者在看到这里的时候也许会说："这是老套啦！无非是拍马屁、要噱头、谄媚而已！这些我早已试过了，根本没用，至少对我这种聪明的人没有用。"谄媚对于聪敏的人当然是没有用的！因为那是虚伪的、自私的而且没有诚意的，所以根本不会有用的，当然也有人喜欢别人捧他，像是一个饥不择食的人一样，对于别人虚伪的赞美也会不加思索地接受。

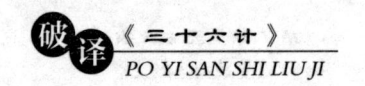

举例来说，为什么多妻的迪凡尼在婚姻方面能如此风光呢？为什么这个被称做"王子"的人能娶到两个既美丽又有名的电影明星、一个闻名世界的歌剧女主角以及拥有数百万财产的芭芭拉·休顿为妻呢？到底是为什么呢？他又是如何做到的呢？波拉·奈格莉是一位闻名世界的女人，她最懂得鉴赏男人，也是一位伟大的艺术家，她曾说："他是我所见过最懂时代最令人迷惑的，我可以向你保证这就是迪凡尼迷人的原因。"

赞美与谄媚到底有什么不同呢？答案非常简单，赞美是真心的、是发自内心的、是大公无私的、是普遍为人所称赞的；而谄媚则是虚假的、是出自嘴里的、是自私的、是普遍为人所谴责的。

无中生有　图德拉单枪匹马闯乱营

图德拉原是委内瑞拉的一位自学成才的工程师。他想做石油生意，可是他既无石油界的老关系，又无雄厚的资金。于是，他想了一个无中生有的办法，即他先从一位朋友那里打听到阿根廷需要购买两千万美元的丁烷，并且又知道阿根廷的牛肉过剩。接着，他飞到西班牙，那里的造船厂正为没有人向其订货而发愁，他告诉西班牙人："如果你们向我买两千万美元的牛肉，我就在你们造船厂定购一艘造价两千万美元的超级油轮。"

西班牙人愉快地接受了他的建议。就这样，他把阿根廷的牛肉转手卖给了西班牙。

最后，图德拉又找到一家石油公司，以购买对方两千万美元的丁烷为交换条件，让石油公司租用他在西班牙建造的超级油轮。就这样，图德拉凭着迂回的艺术，实现了无中生有的计划，单枪匹马地杀入了石油海运行列，开始了前途远大的经营。

第8计

暗度陈仓

不走天桥，走地下通道

《三十六计》第八计"暗度陈仓"曰："示之以动，利其静而有主，益动而巽。"

其大意是：发起佯攻，故意暴露行动，引诱敌人投入重兵在这里固守时，悄悄地迂回到另一面偷袭，乘虚而入，出奇制胜。

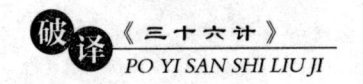

以明隐暗　狐狸吃到天鹅肉

　　下面这则寓言故事，生动地说明了狐狸施展"暗度陈仓"之计，制造假象终于吃到天鹅肉。

　　天鹅飞得很高，狐狸对天鹅肉涎流三尺，却毫无办法。但是天长日久，狐狸终于吃到天鹅肉。这是动物世界的真实现象。

　　夕阳西下，夜幕降临，一群天鹅有组织地成双成对地偎依在沙滩的草丛里，美美地睡觉。哨兵天鹅忠实地站在岗哨位置上，一有异常情况便发出警报。如有鹰类进攻，他们便群起反抗，张开翅膀扑打，并用坚硬的喙去反击。

　　一只对天鹅群试过多次都失败的狐狸，总结了经验。它趁着夜色，轻轻地、悄悄地向沉睡的天鹅群摸去。草发出了轻微的沙沙声，天鹅哨兵仍然发现了异常，立即发出警报，一声长鸣，群鹅立即惊醒，互相呼唤，做好准备。然而，狐狸就地扑倒，一动不动，连大气也不出。天鹅群以为没有敌人，虚惊一场，便又各自睡觉去了。

　　狐狸明白了，它可以用这种办法疲劳和麻痹天鹅。于是，它用自己的尾巴摇了摇，又把草打响了，天鹅哨兵又发出警报，天鹅群再次从沉睡中惊醒。狐狸还是一动不动。天鹅群又认为是虚惊一场，对天鹅哨兵的警报逐渐不以为然。第三次，当狐狸再次拨动草响时，尽管天鹅哨兵仍然发出警报，天鹅们却懒洋洋地不当一回事了。天鹅对警报失去了信任。如此多次，当狐狸轻轻走向熟睡的天鹅时，它的走路的响声引起哨兵的警报，但天鹅已经完全不理睬这警报了。于是狐狸迅速一口咬住那只半醒半睡的天鹅脖子，那只天鹅疼得怪叫起来，群鹅这才发现敌情是真的，惊慌逃去，留下了这只同伴给狐狸做了美餐。

以上事例虽然是动物之间的游戏，可它对我们做人也有一定借鉴意义。你可以警惕一些，比过去多提防一下那些制造假象的"狐狸"。这是暗度陈仓之计的另一作用。

以明隐暗　山叶乐器稳扎根

在商界竞争中，要善于通过表面现象迷惑和麻痹对手，暗中为真实目的而积极行动，以此来战胜对手，这样才能赢得顾客，获取经济效益。

日本人川上源一继承父亲的职位，担任日本乐器公司董事长时才38岁，正是干事业的时候。川上上任后，分析了行业和市场情况，认为要在激烈的商业竞争中取胜，就必须先铺好制胜的道路，再一步步走向胜利。一个长远计划已经在川上脑中形成了。

过了没多长时间，川上非常热心地开办了山叶音乐教室，接收了数百万学生，并且为这项教育事业投入了20多亿日元的资金，积极推广音乐教育。音乐教室其实是山叶音乐振兴会的一部分，财力来源是独立的。音乐教室分好几种类型的班，有长笛班、电子合成器班、特殊人才训练班等，而且这些班级别不等，从幼儿班到妈妈班全部包括。音乐教室的师资相当不错，配备最好的老师、最好的教材。这看似一件亏本的

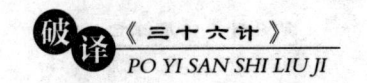

事，但川上仍然兴趣极浓，照样给其投资。而且，川上声明这是纯粹为支持推行音乐教育事业而开办的教室，它不带有任何商业色彩。

那么，音乐教室真的就只是单纯为了音乐事业才开的吗？真的就与山叶乐器公司无关吗？

其实，虽然不允许教师在课堂上做任何一点山叶乐器的宣传，但学员的名单已通过他们送到了山叶乐器公司的手中，这些学员便成了山叶乐器推销员搞产品促销的对象。另外，电子琴的教程是音乐振兴会编的，如果不用山叶的电子琴，就无法弹奏出来；况且班级层次越高，学员的水平就越高，只有使用山叶乐器才能演奏好该级别的音乐。所以，实质上音乐教育对山叶乐器公司是益处多多。

川上源一的音乐教室为山叶乐器公司的成功奠定了基础，当他的对手猛然醒悟时，山叶乐器早已在市场上站稳了脚跟。不与对手硬拼，而是"明修栈道，暗度陈仓"，这正是川上源一的成功之处。

第9计

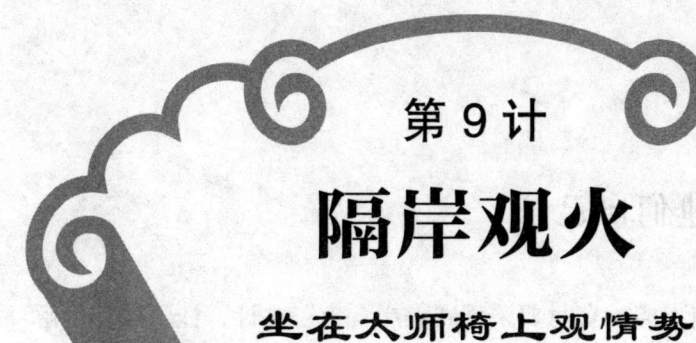

隔岸观火

坐在太师椅上观情势

《三十六计》第九计"隔岸观火"曰:"阳乖序乱,阴以待逆。暴戾恣睢,其势自毙。顺以动豫,豫顺以动。"

其大意是:敌方秩序混乱,宜静待他局势恶化。敌方自相残杀,便知其势必自取灭亡。顺应敌情策划计谋,还要适应敌情的变化见机行事。

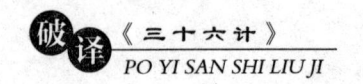

碰倒油瓶让他们自己扶

领导不要大包大揽，有时要采用"隔岸观火"之计，让下属自己解决自己的问题，以便提高他们的能力。

下属都希望自己的领导不但要有出众的才能，还要有出色的运筹帷幄及决策能力，有大将风度，责人宽、责己严，不偏袒，不紧揪别人错处不放，还要有人情味，更要起到工作中的表率作用。

作为一个领导，要掌握苛责和感情输入的良好运用。苛责过分，下属会认为你不近人情，缺乏理解，从而产生逆反心理，消极怠工，不愿干出成绩；感情输入得过分，会使你显得比较软弱，缺乏应有的威慑力，下属也会对你的命令或指示执行不力甚至是置若罔闻。

你交给下属去完成的工作非常多，你也不可能有精力——过问，所以其完成的结果往往并不能与你预想的相一致，遇到这种情况，不要只是一味地对下属大加责难。只要事情有所成而没有搞砸，那么你就有必要进行赞赏。

基恩是美国新泽西州一家证券公司的经理。他虽然很年轻，但他的经营业绩却比许多在证券业发展多年的经营人还要好，而且他的下属们也各个精明强干，都能很好地完成自己的业务。基恩的工作就是统筹调配，搞好整个公司的宏观把握。许多公司都想从他的身边挖走他的助手，但没有人成功过，他们好像粘在一起的，是一个具有极强凝聚力的团体。

第 9 计　隔岸观火
坐在太师椅上观情势

那么，是不是他和他的助手都比别的从事证券业的人更有能力呢？从基恩自己的叙述中我们即可尽知详情：

"许多人都以为我们的公司职员各个都非常出色，其实这犯了一个大错误，在很多时候，这些愣头愣脑的家伙都把交给他们的工作弄得一团糟，搞得客户对他们甚为不满，我就得放下手中的活计为他们填补这个漏洞。有时我就想，我这是干什么呢？简直是费力不讨好，我甚至想解雇他们，但最终我忍住了自己的脾气。

不要以为我会因此饶恕他们，我会狠狠地批评他们一顿，甚至把他们说得一无是处。但是我仍旧会把工作交给他们去做，而且对象仍是他们所得罪过的老客户。自己惹下的祸事得由自己亲自来搞定，这就是我灌输给他们的行事原则。如果谁觉得自己做不来，那就可以退出，我不会阻拦的。我会在自己认为恰当的时候把我的赞扬和夸奖毫不吝惜地分给他们。至于物质奖励，我也擅长，我让他们自己选择应该获得物质奖励的人，而他们的选举结果也往往与我的想象大致合拍。"

所以对待属下，不要太迁就他们，要采取隔岸观火的做法，他们自己的过失让他们自己去弥补，去修正。

隔岸观火　以静制动

在人们丢面子时，也完全可以采用这种"隔岸观火、以静制动"的战术，心态超然地静观事变。当有人妄图使你丢脸时，你可以对其采用不理睬战术，让他尽情表演，最终以自己的平静克制对方的躁动。

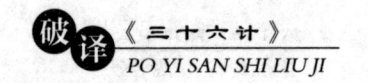

美国石油大王洛克菲勒年轻的时候，遇到这样一件事。有一天，他正在自己的办公室里繁忙地工作，突然一个男子怒气冲冲地闯入他的办公室，径直走到他的办公桌前，用力拍着桌子大声地说："洛克菲勒先生，我想问你，为什么随便把我解职，今天你要是说不明白，我就死在你的眼前。"

这个男子的大声呼喊，在洛克菲勒办公室周围办公的职员们都听得非常清楚。大家认为洛克菲勒这次一定会火冒三丈，不是把墨水瓶掷过去，就是叫门岗把他赶走。然而，出乎意料，洛克菲勒并没有这样做，他仁慈地望着这个发怒的男子，并很耐心地听着那个男子的讲话。

该男子在洛克菲勒的公司工作过多年，深知自己上司的脾气秉性，这次来主要是想激起上司发火，同他干一场，解一解心头的怒火，他看了洛克菲勒的表情后，觉得很奇怪，于是，就按捺住自己的气愤，静待洛克菲勒的回答。

可是洛克菲勒依旧沉默着。

这个男子又拍了一次桌子，洛克菲勒干脆叉起双手，把身子略微转动了一下，把脸转向了窗外。过了一会儿，他拿起笔自顾自地继续做起了他的工作。那个男子觉得没趣，只好悻悻而去。

洛克菲勒对待这一男子采用的战术就是"隔岸观火"，他自始至终没有说一句话，只是看这个男子大发脾气，结果使这个男子感到没趣而离开。如果洛克菲勒向他解释，很可能越解释越麻烦，如果洛克菲勒让人把他赶出去，他可能不会心服，保不准以后还会找上门来。而采用"以静制动"战术既可以让他自己消气离开，还能表现出自己的涵养，不失为一条良策。结果证明，洛克菲勒"以静制动"的策略是对的。往往在处理人际关系时采取一种"隔岸观火"的冷处理的方法，有时也可以收到意想不到的效果。

袖手旁观　莱维加冕"牛仔王"

如今年轻人穿上一条牛仔裤，信步走在街上，不会引起什么遐想。但你可知道，当初牛仔裤的诞生是"牛仔裤大王"莱维·施特劳斯"隔岸观火"的结果。

100多年前，美国加利福尼亚因发现金矿掀起了一股淘金热。许多先行者一天之间成为百万富翁的消息不胫而走，吸引了更多后继者潮水似的涌来。

随着淘金者日益增多，竞争日趋激烈，除了矿脉成为角逐的对象之外，优良、适用的淘金用具和生活用品也炙手可热。

德国犹太人莱维·施特劳斯也来到这个巨大的竞争场，他带来的不是淘金工具以及所需的资金，而是他原来经营的线团之类的缝纫用品，和他认为可供淘金者作帐篷用的帆布。

一到目的地，缝纫用品便被一抢而空，这使他熟悉了当地的裁缝，帆布却无人问津。

莱维没有投入淘金者的竞争，而冷静地观察眼前千变万化的情况。莱维静静地等待着，他相信，他面前将会出现他所寻求的机会。

这机会终于被莱维等到了。

一天，莱维和一位疲惫不堪的矿工坐在一起休息，这位井下矿工抱

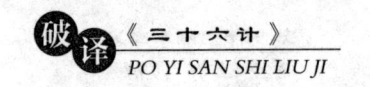

怨说："唉，我们这样一整天拼命地挖、挖！吃饭、睡觉都怕别人抢在头里，裤子破了也顾不上补，这个鬼地方，裤子破得特别快，一条新裤子穿不了几天就可以丢了……"

"是吗？如果有一种耐磨经穿的裤子……"莱维顺着他的话说到一半就呆住了。帆布不正是最耐磨的布料吗？对！就这样！他一把扯起那个矿工就走。

莱维把矿工带到熟识的裁缝店里，对裁缝师傅说："用我的帆布给他做一条方便井下穿的裤子，你看行吗？"

"当然可以。最好是低腰、紧身，这样既方便干活，看上去又潇洒利索。"裁缝师傅出主意道。"行，你看着做好了，一定要结实。"

第一条牛仔裤的前身——工装裤就这样诞生了。由于它美观、方便、耐穿，深受矿工欢迎。

在此基础上，莱维不断地改进和提高工装裤的质量，逐渐演变成一种新时装——牛仔裤，从加利福尼亚矿区推向城市，从美国推向全世界。莱维成了闻名于世的"牛仔裤大王"。

如果当年莱维不加思索地投入了淘金角逐，而不是"以静待动"，冷静观之，寻找自己的突破点，那么"牛仔裤大王"恐怕就不是莱维了。

袖手旁观彼岸之火，混乱局面泰然处之。

"以治待乱"，静观其变化，直到事情发展到有利于自己的地步，才相机采取行动，从中取利。

激烈的商战中，若想少花本钱，多赚利润，此"隔岸观火"计不能不用。

第10计

笑里藏刀

把自己包裹得越严越好

《三十六计》第十计"笑里藏刀"曰:"信而安之,阴以图之;备而后动,勿使有变。刚中柔外也。"

其大意是:表现出十分友好、充满诚意的样子,使对方信以为真,从而对我方不加戒备;我方暗中策划,积极准备,待机而动,不要让对方有所觉察而采取应变的措施。这是外示友好、内藏杀机的谋略。

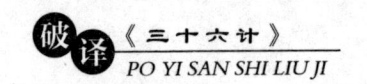

恩威并施

作为企业的领导，要实现自己的意图，必须与下属取得沟通，而富人情味就是沟通的一道桥梁。它有助于上下双方找到共同点，并在心理上强化这种共同认识，从而消除隔膜，缩小距离。

有许多身居高位的人物，会记得只见过一两次面的下属的名字，在电梯上或门口遇见时，点头微笑之余，叫出下属的名字，会令下属受宠若惊。

上司要赢得下属的心悦诚服，一定要恩威并施。所谓"恩"，则不外乎亲切的话语及优厚的待遇，尤其是话语。要记得下属的姓名，每天早上打招呼时，如果亲切地呼唤出下属的名字再加上一个微笑，这名下属当天的工作效率，一定会大大提高，他会感到，上司是记得我的，我得好好干！

对待下属，还要关心他们的生活，聆听他们的忧虑，他们的起居饮食都要考虑周全。

所谓威，就是必须有命令与批评。一定要令行禁止。不能始终客客气气，为维护自己平和谦虚的印象，而不好意思直斥其非。必须拿出做上司的威严来，让下属知道你的判断是正确的，必须不折不扣地执行。

上司的威严还在于对下属布置工作，交代任务，一方面要敢于放手让下属去做，不要自己包打天下；一方面在交代任务时，要明确要求，什么时间完成，达到什么标准。布置了以后，还必须检验下属完成的情况。

恩威并施，才能驾驭好下属，发挥他们的才能。

松下认为，经营者对于部下，应用慈母的手紧握钟馗的利剑，平日里关怀备至，错误时严加惩戒，恩威并施，宽严相济，如此才能成功统御。

对于部下和员工，应该如何统御呢？是严还是宽？是刚还是柔？松下的经验是，应该以慈母的手，握着钟馗的剑。也就是说，心怀宽宏，但处理起来则要严厉、果断，绝不手软。

该防的要防住

俗话说："人心隔肚皮。"有些人居心叵测，当面一套，背后一套，对这样的人应慎而又慎，更谈不上结交为朋友了。

这样的人往往在你面前说得优美动听，夸奖使你飘飘然，当面说的都是忠贞不贰的话，表现出的是忠诚老实相，但背后说不定有更阴险的用心。

这种人善于搬弄是非，在你面前说他的坏话，在他面前说你的坏话，不闹出矛盾决不罢休。这种笑里藏刀之人最惯用的伎俩就是伪装，这种伪装就是能把活人说成死人，能把死人说成活人的语言。纵观中国历史，有许多权盛一时的大奸臣却得到了皇上的宠信，究其原因除了皇上昏庸无道以外，很重要的就是这些大臣会献媚，会巴结皇上，能把忠良之臣

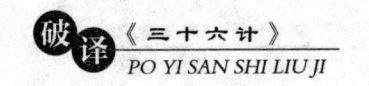

置于死地。而真正可靠的还是那些谏言忠臣，唐朝魏征经常向皇上谏言，可能这些谏言不太好听，但绝对有好处，忠言逆耳。

笑里藏刀的人在生活中和工作中大量存在，他们成事不足，败事有余。对于这种人你不可交，不然你就会吃大亏。要辨别这种人，需要具有明察的智慧。

柔外刚中　史密斯笑迎回头客

美国凯特皮纳勒公司是世界性的生产推土机和铲车的大公司。它在广告中说："凡是买了我们产品的人，不管在世界哪一个地方，需要更换零配件，我们保证在48小时内送到你们手中，如果送不到，我们的产品就白送你们。"

他们说到做到，有时为了把一个价值只有50美元的零件送到边远地区，不惜租用一架直升机，费用竟达2000美元。

有时无法按时在48小时内把零件送到用户手中，就真的按广告所说，把产品白送给用户。由于经营信誉高，这家公司历经50年而生意兴旺不衰。

在西方，人们称高明的推销员是有道德、有感情的人，原因就在于他们很重视维持好买卖双方的关系，照顾双方的利益，使买方很满意。

美国道奇汽车公司的头号推销员史密斯，年过半百，擅长提供超级服务。在美国，推销一辆车只能赚几百美元，而且国产车不如外国车好卖。史密斯于1986年挣了17.5万美元，卖的全是美国货。

史密斯的买卖特点是，不仅在卖货前为顾客提供周全的服务，而且在做完买卖后，他总是记住老顾客，尽力帮助他们。所以史密斯的顾客几乎全是回头客，即买过他东西的人总喜欢再来找他，或者推荐别人来买。

有一次，史密斯接到一位老顾客的电话说，他办了一家汽车服务公司，接送病人去医院，刚巧，他的"道奇"车的汽化器坏了，附近又找不到备件。

史密斯二话没说，放下电话，就把陈列室的一辆汽车上的汽化器卸了下来，马上开车亲自给那位顾客送去。就在这件事发生后不久，那位顾客就从他手中买去63辆面包车。

优秀的企业总是通过售后服务，维持企业信誉，以信誉扩大影响，争取主顾，使主顾对商品建立安全感、信任感，诱发其连续购买的欲望和行为，使其成为永久客户。

第11计

李代桃僵

切忌做些小打小闹的事

《三十六计》第十一计"李代桃僵"曰:"势必有损,损阴以益阳。"

其大意是:当战局发展必然会有所损失时,要舍得局部的损失,以换取全局的胜利。

审时度势　忍痛割爱

我们不得不承认，有好些时候，我们因迷失其中，看不清"庐山真面目"，而困惑，茫然失措。

危机袭来，你可能心急如焚，忧心忡忡，坐卧不宁。但更可能也只是这样，但觉危险却又束手无策，意识到了事态的严重，却又对其为什么这么严重认识模糊，对其究竟严重到什么程度把握不准。

很明显，在这种情况下，贸然出手，危机非但无法消除，而且会导致更大的危机爆发，使你陷入绝境。

在官场，要经历各种考验，但紧要处也只有些许几步。走得好，官运亨通，走不好，则沉浮难料。

有时难免会遇到急风暴雨，环境异常恶劣，在这样的时候，就需要你先立稳脚跟，莫急于迈步走路，以免误入歧途，也只有立稳了脚跟才不至于被狂风吹倒，才不至于被暴雨淋坏。

更有时你自己也不知怎么回事，稀里糊涂地走上了狭窄的小径，前路越来越是险绝，危险紧急，这时要临崖勒马，猛然回头，才不会越陷越深，使危机愈来愈重。

危机临近时，人不免着急，如果一时想不出万全之策，倒不如先不去想。而静观其变，以静制动。换一下思维方向，有时你最不敢想的，或者你想过但又认为最不可能的方法往往是最佳的途径。

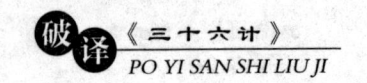

人们容易犯钻牛角尖的毛病，尤其是忙乱时，更容易把目光聚焦于最直接可见的几个方面，而忽视了那些隐蔽其后的潜在力量。处理问题应当从高处着眼，分清孰轻孰重。

在战术上，有"丢车保帅"之招，其实，这也正是从高处着眼的指导思想。形势危急时，要敢于舍弃一些东西。

抓大放小　丢车保帅

如果上层的指令和你的工作发生脱节，那么你该如何去做？

这的确是给我们出了一个大难题，如果一意孤行，公然违抗，那么能否不让你们的大老板龙颜大怒呢？如果你照搬上层领导的指令，一字不误地明明白白地去犯错误，"明知山有虎，偏向虎山行"，那么一旦发生错误，造成严重的后果，这责任应该谁负呢？恼羞成怒的大老板是绝对不会公然地打自己的嘴巴的，也许他会迁怒于你，为什么你只会像一只呆头鹅一样只会照搬我的指令呢？你简直有苦难言、有口难辩，只好"打落门牙往肚里咽"。或许，大老板一发怒，你头上的乌纱帽可能就会不翼而飞了。

权衡二者的利弊，我们认为一个明智的大老板会欣赏下属的前一种做法，只要事实证明你是正确的。如果你选择了第一种做法，也许暂时会触犯龙颜，落个"目无尊长，狂妄自大"的名声，也可能会暂时受挫，但是真理终究是真理，事实终究会证明你是对的。俗话说："是阳光终会灿烂，是金子总要发光。"你的雄才大略终究有一天会让大老板倍加珍惜，认为你实在是一位难得的人才。对于一位明智的老板来说："打肿脸充胖子"，虽然能暂时掩饰自己的脸面，但是严重的后果他不可能坐视不管，面子和效益相比，还是他的事业为重。所以如果你遇到的是这样一位明智、开明的大老板，那么你可以毫不犹豫地施展你的雄才大略，演出一幕现代的"将在外，君命有所不受"的场面。但如果你的老板是一位只顾自己脸面的昏庸的领导，你有可能会受到牵连。但是既然你认清了你的老板的昏庸面目，自然也不必太留恋此处，"此处不留爷，自有留爷处。"另谋高就也不失为一个好出路。

作为领导，有的时候需要你保持自己的沉默，你所要做的是把握全局，运筹帷幄，你应该给你的下属留下一定的活动空间，不必事事干涉。也许正是你的干涉，使下属不知所措。

无论是上司和下属，都应该具有灵活处理事务的能力，身为上司就需要大度的胸怀和雄才伟略，放手发动下属的工作积极性，凭借他们的聪明才智完成任务，而不必事事躬亲，对于不了解具体情况的事务，千万不能横加干涉，指手画脚。比起你来，你的下属也许更熟悉他的工作，因此，他的意见你不能不加理睬，应该给予高度的重视。

当然，听之任之，充分调动你的下属的工作积极性不等于坐视不管，领导应该做到"抓大放小"、全局规划。

在现实生活和工作中，"李代桃僵"之计要求做人者不要为小利所诱惑，也不要为小害所影响，不要只简单地从表面上看输赢或地位的高低，而应从全局从实质上看成败。如果与对方为了点小利益闹得寸步不让，那将得不偿失，高明的做人者，往往会"以退为进"，着重考虑总体利益，这样才能获得最终成功。

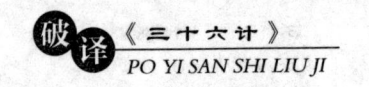

静观战机　哈勒尔使出"杀手锏"

一位名叫威尔逊·哈勒尔的英国人，60年代初来到美国，定居后他购进了一家制造清洁液的小公司，开始经营一种名叫"配方409"的清洁液。到了1967年，"配方409"已经占领美国清洁剂产品市场的5%，并获得了专卖权。

正当哈勒尔准备在美国全面扩展"配方409"清洁液的时候，突然遇到一个强大的竞争对手——美国宝碱公司。该公司历史悠久，实力雄厚，其生产的"象牙肥皂"闻名美国。以后，他们又推出了省事牌清洁液，使哈勒尔的"配方409"遇到了一次严重挑战。

这一次，宝碱公司决心要打败哈勒尔。他们在命名、包装和促销"新奇"产品时，投入了比"象牙肥皂"更大的资金，进行了耗资巨大的市场预测，采取了声势浩大的广告攻势。因为他们底子厚、资金充足而满怀信心。

但是事情不是绝对的，规模大小都有它不利的一面。哈勒尔判断宝碱公司会因为自信，而不去密切注意他的行动。于是他利用小公司灵活多变、行动迅速的特点，与宝碱公司展开了游击战。

哈勒尔一方面加紧"配方409"包装、颜色的改进来迷惑对方，另一方面派出侦察小分队，四处搜索对方情报和市场预测。当他打听到宝碱公司竞争要地——丹佛市被选为第一个测试市场时，哈勒尔便充分利用小公司速战速撤的特点，巧妙地把"配方409"清洁液从丹佛市撤走。当然，并不是把市场货架上的货物全部搬走，而是中止一切促销活动。这样做，主要是防止被宝碱公司发觉。

第11计 李代桃僵
切忌做些小打小闹的事

　　这一招果然奏效,"新奇"清洁液一时成为畅销货,宝碱公司试销组成员对此大为高兴。消息传到该公司总部,总部也为之得意扬扬,当即决定投放更多的"新奇"清洁液到丹佛市。

　　正当宝碱公司上上下下一片欢欣鼓舞时,哈勒尔为了公司的生存,果断地采取了报复行动。他趁"新奇"清洁液大量涌入丹佛市时,借着丹佛市测试市场的机会,开始了削价战,把市场货架上的"配方409"以优待价销售。虽然留在丹佛市的货物不多,但是足以使爱便宜的消费者一次购足大约一年的用量,等到宝碱公司派出大军涌入丹佛市促销"新奇"清洁液时,市场测试负责人已经不允许他们高价销售了。即使价格降下来,也是为时已晚,而"配方409"则已深入人心。这里哈勒尔用的就是李代桃僵之计,弃小取大,取得了巨大的胜利。

第12计

顺手牵羊

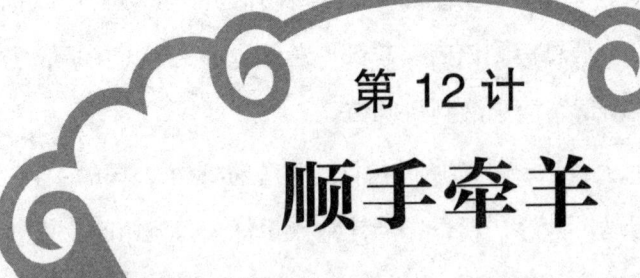

不费吹灰之力捞得益处

《三十六计》第十二计"顺手牵羊"曰:"微隙在所必乘;微利在所必得。少阴少阳。"

其大意是:小空隙应予利用,小利益应去获得,变对手的小疏忽为自己的小胜利,以求积小胜为大胜。

幸运公爵　顺藤摸瓜

　　1702年夏天的一日，一支英国舰队突然出现在西班牙的加的斯港。此前英国和西班牙多次进行海战，争夺海上霸权。而这次，英国舰队作战的意图是十分明显的，即夺取加的斯港，进而控制地中海的入海港。

　　英国舰队的司令官是奥蒙德公爵。当他的舰队驶近港口时，由于敌情不明，奥蒙德公爵十分谨慎，没有立即下达进攻命令。实际上，该港口的西班牙军队军备懈弛，兵力不足，如果立即发动攻击，西班牙人必败无疑。过了一段时间，当港口的西班牙守军已完全准备好后，奥蒙德公爵却下令英军攻击，结果战斗打得异常艰苦，相持一个多月，西班牙人仍然在战斗，英国人无法登陆。

　　面对与日俱增的伤亡和军需的消耗，乔治爵士向奥蒙德公爵建议说："如果我们再这样打下去，是支撑不住的。不如收兵回国，等待时机，保存一些实力也好向国王交代。"奥蒙德公爵这时情绪很低落，看到这种现状，也只好同意，并命令手下通知各舰，清点人数和食品、淡水的储备量，计算好每日的消耗量，准备启程回国。

　　正当英国人准备撤离时，有人向奥蒙德公爵报告说：有一批西班牙的运宝船，刚刚停泊在离加的斯港不远的比戈湾内。奥蒙德公爵听到这个消息后，马上就来了精神。他想，这次舰队远征一无所获，如果抢下西班牙这批宝物，大家发财不说，也好在国王面前交代。于是，他下令

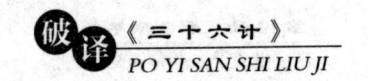

舰队驶向比戈湾。英国水兵在发财欲望的刺激下，舰队全速前进，当比戈湾内的西班牙水军还未反应过来时，便遭到英国水兵暴风骤雨般的打击，西班牙的运宝船被英国人洗劫一空。

奥蒙德公爵将劫得的100万英镑宝物献给了英国国王，并添油加醋地描绘一番，乱吹了一通。由于奥蒙德公爵顺手牵来了一只"大羊"，英国国王不仅没有责怪他指挥无方，督战不力，反而大大表扬了他一番。

顺手牵羊　化解窘境

丢了小面子之后，能不能树立高姿态来坦然面对，往往可以体现出一个人的修养水平。个人修养差的人一旦失去了小小的一个面子，就可能大吵大嚷，闹得不可开交。这样做不但不会找回自己丢的面子，很可能还会丢更大的脸，个人修养好的人失去小面子时往往可以冷静面对，丢了面子能够默默承受，这样做使人们不再注意他丢没丢面子，而是更加钦佩他的个人修养，在一个地方丢的面子又在另一个地方找了回来。

萧伯纳是世界上著名的剧作家，他是一位个人修养极好的人。

《武器与人》是萧伯纳的一部著名的剧作，萧伯纳完成这部剧作之后，便将它拿到一家剧院首次公演，结果大获成功，观众的掌声像雷鸣一样，久久不能平息。热情的观众要求他到台前谢幕。

正在这时，有一个人站起来冲着萧伯纳高喊："这是什么剧作，简直是糟透了！"

对于这种无理的语言萧伯纳没有怒气冲冲，也没有冷言以对，恰恰相反，他微笑地对那人鞠了个躬，彬彬有礼地说道："我的朋友，我完全同意你的意见。"

接着他耸了耸肩，又指着正在热烈喝彩的观众说道："但是，我们俩反对那么多观众又有什么用呢？"顿时，观众席中又爆发出更为热烈的掌声。人们不仅在为萧伯纳那高超的文学修养鼓掌，而且更为他那极好的个人修养而鼓掌。

在这则小故事中，一开始那个无礼的观众确实让萧伯纳丢了一些面子，因为他的作品得到的是"糟透了"这样一句评价。但是萧伯纳却不因为这位观众的无礼而懊恼，他极有礼貌地向这位观众鞠躬并表示赞同他的评价，但同时又隐晦地批评了那位观众不识时务。

无礼的观众的评价本来使萧伯纳丢了面子，但是萧伯纳并不因此而将他视为敌人。而是巧妙地运用了顺手牵羊之计，反将那观众一军，化尴尬境地到有利于自己的境地，实乃明智之举。萧伯纳像是在和自己的老朋友交谈那样礼遇这位观众，在众多的观众面前表现了自己良好的个人修养。这样，观众们就不会重视那位无礼观众的评论，而是对萧伯纳的个人修养由衷地赞叹。萧伯纳丢面子时树立高姿态，以此赢得了众多观众的心，将失去的面子又找了回来。

发现生活方便面应时而生

现在人们常吃的方便面，是一位日本人从普通的现象中得到启发，首先生产出来的。

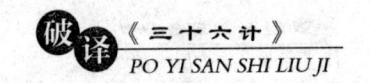

30多年以前，一位名叫安藤百福的日本人在大阪市开了一家以加工销售食品为主的公司。安藤百福每天下班都要乘坐电车回到在池田市的家里。在车站，他经常看到人们要排长长的队，等着吃刚出锅的热面条。一开始，安藤对这件司空见惯的事未太留意，但久而久之，他开始思考这样一个问题：既然大家都爱吃面条，那我做面条的生意一定会很好吧？

因为吃热面条需要在饭馆等很久，费时、费力，很不方便，吃挂面同样也费时、费力，而且由于缺少调料，味道不好。这样，安藤就开始琢磨：如果搞出一种面，用开水一冲就可食用，而且自身带有调料，一定受人欢迎。于是，他就买来一台压面机，制作新型的面条。在无数次失败后，他并没有气馁，而是无数次地总结经验。经过3年的艰苦奋斗，安藤终于成功了。他研制的方便面的确为人们的生活带来了方便，从而一步步被人们认识，受到顾客的欢迎。这样，一包包"鸡肉方便面"被顾客从货架上取下，一碗碗香喷喷冒热气的方便面出现在顾客的餐桌上。

安藤的方便面吸引了日本顾客，销量也大增，仅第一次正式投放市场后8个月中，就销售了1300多万包，安藤本人也从一家小公司的经理一跃而成为拥有巨额资产的富商。

安藤成功的一个重要原因，是他善于从普通的生活现象中发现人们的潜在需要，并努力生产出使顾客的潜在需要得到满足的产品。安藤在车站的突发奇想可谓是顺手牵羊，可贵之处在于，他抓住灵感不放，坚信这个领域是块宝地，在决策时迅速、果断。此例也表现出，顺手牵的"羊"，有时是稍纵即逝的，这需要培养牵羊人的见微知著的洞察力和闻风而动的应变能力，以至"羊"一经出现就能认准它，并牢牢地抓住它。

第13计
打草惊蛇

巧妙捕获对手

《三十六计》第十三计"打草惊蛇"曰:"疑以叩实,察而后动;复者,阴之谋也。"

其大意是:发现可疑情况就要弄清实情,只有在侦察清楚以后才能行动;反复了解和分析敌方的情况,是发现阴谋的重要方法。

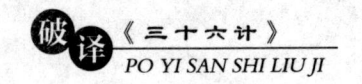

大声叱责　迂回"打草"

面对一个犯错的部属,你是在众人面前责备他,抑或在私下斥责他呢?既然都是叱责,在公开的情况下进行较妥当。

若有一件事可以很明显地看出是王某的过错,一同事认为科长应该会对他发相当大的脾气。然而科长却只是对王某说:"要小心一点。"便原谅了王某的过错,为此大家颇感失望。不难想象此时同事一定会议论纷纷:"为什么科长不生气?""我做错时被他骂得好惨!""科长说不定欠了王某什么!""科长可能不明白什么叫做'责任'!"

你一旦采取温和的做法,那下回林某失败时,也就无法斥责他了。渐渐地你的刀口越来越钝,最后你会落得谁也不敢骂的下场,而无法继续领导部属。所以在需要叱责时,就必须大声地叱责才行。

在众人面前叱责某位部属,其他的部属亦会引以为戒。此即所谓的"杀一儆百"。

其意并非真的处罚一百人,而是借由处置一人来使他人反省。

当场被叱责的人,宛如是众人的代表,并不是一个很讨好的角色。在任何团体中,皆有扮演被叱责角色的人存在。领导者通常会在众人面前斥责他,让其他人心生警惕。这是一个非常有用的方法。

这个角色绝非每个人皆能胜任,你必须选出一位个性适合的人。他的个性要开朗乐观、不钻牛角尖,并且不会因为一点琐事而意志动摇,

第13计 打草惊蛇
巧妙捕获对手

如此方能用上此项计策。

你应避免选用容易陷于悲观情绪，或者太过神经质的人。若错误地选择了此类型的属下，往后将带给你更多的困扰。

虽然你只能对自己的部属叱责，但有时你也会遇到必须叱责其他单位的职员的情况。这不仅越权而且违反公司的准则，然而相信亦有例外的情形。

某家百货公司的营业部主任，平时即对采购部科长的应对态度太过懒散颇不满，但由于对方的身份是科长，因此无法当面予以指责。虽然这位主任曾经与自己的上司——营业部科长讨论过，然而由于上司是位好好先生，因此无法得到任何解决的方案。

就在思索如何利用机会与对方直接谈判时，分发部的某位职员因未遵守交费期限而发生问题。

营业部主任便借机大声叱责那位犯错的职员。他特意在采购部科长面前叱责这位职员："不是只有今天，这种情形已经发生过许多次了。"

此时采购部科长并未表示任何意见，然而弊端在不久之后便改善了。

此项技巧简单地说，就是采取游击战术，若对敌人采取正面攻击时比较麻烦，但是若你本身有理，就不会觉得那么可怕。遇到形式上的反攻时，你只需稍微转一下身便可反击。

对于无法与其正面争吵的人，若企图使其认同你的主张，则上述的方法不失为一则妙方。

上司藉由叱责属下的行为，亦能转换为本身的警惕。你在叱责属下"不准迟到"时，自己也绝不可迟到。当你叱责宿醉的部属时，自己也

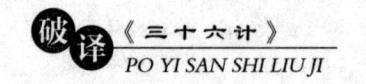

不可有宿醉的情形发生。

借由对属下的叱责，而受益最多的人或许是自己。因此，你更不应该错失良机。你必须谨慎地选择叱责的机会，并且好好珍惜被叱责的部属。

只有招募员工时才奉承阿谀，并且举办各项迎新活动，一旦确定他们成为正式员工后，便突然变得冷漠、严苛的这类阴险狡猾的公司并不在少数。

新进职员由于沉迷于刚进公司时的欢愉气氛，以致对往后的工作气氛容易感到失望。若又遭到上司责备，情绪必定会跌至谷底。然而亦不能因此而骄纵属下。

谁都喜欢扮白脸，因此也有只贪图轻松愉快，导致无法叱责属下的下场。

举例来说，有时此类型的上司亦必须叱责属下陈某。然而他实在无法拉下脸来，便想尽方法使陈某反省、改过。

他做每件事都刻意妨碍到陈某的工作，他认为经由此，陈某的行为应该便会改善。事实上，这位上司的做法毫无意义，无论对其本身或陈某来说，这都只是不愉快的经验而已。

打草惊蛇　一举两得

赤壁之战后，东吴孙权派鲁肃去见刘备，想讨还荆州。刘备自视为汉室宗亲，荆州乃军事要地，费尽心机才得到，岂肯轻易放手。结果，鲁肃空手而归，只带回了"暂借荆州，将来交还"的一纸空文。不久，

第13计　打草惊蛇
巧妙捕获对手

刘备的妻子去世，周瑜立即想到假意将孙权之妹孙尚香嫁与刘备，并请刘备入赘东吴；刘备一到东吴，就将其扣押起来，以为人质，讨还荆州。孙权认为此计可行，便派吕范前往做媒。孔明识破此计，但强行拒绝有碍联吴抗曹的大业，于是决定将计就计。

公元209年，刘备在大将赵云的陪护下前往东吴结亲。临行前，孔明将三个锦囊妙计交予赵云，并如此这般作了交代。第一个妙计即让赵云分派五百军士披红挂绿，一面在东吴城内大肆购置结婚物件，一面散布刘备将入赘东吴的消息。同时又叫刘备先去拜见乔国老。乔国老是东吴美女二乔——孙策夫人和周瑜夫人之父，刘备拜见乔国老就是为了要向其说明自己将娶孙尚香为妻之事。随后乔国老便前往孙权之母吴国太处贺喜。吴国太突闻此事又惊又气。惊的是此事如从天降，煞是突然；气的是孙权、周瑜胆大妄为，竟置自己女儿的名誉而不顾。为了不让女儿做望门寡，她要求假戏也得真做，放了刘备，让其与女儿成亲。乔国老也认为如不让刘备与孙权之妹成亲，以此计求得荆州，将为天下人耻笑。

就这样，刘备与孙权之妹如约成亲，并把她带回荆州。周瑜带兵追赶，又中了孔明设的埋伏，吴军大败，这便是"赔了夫人又折兵"。向吴国太说明周瑜的计谋为"打草"，"惊蛇"则是惊孙权，让他明白孔明已识破此计。

惊"蛇"出洞　洛克菲勒从中谋利

德国人梅里特兄弟移居美国，定居在密沙比。因无意中发现密沙比

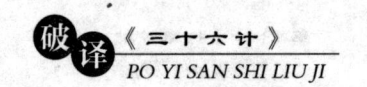

地区富含铁矿，兄弟俩将所有的积蓄拿出来大量收购地产，并成立了铁矿公司。洛克菲勒虽消息灵通，却晚来一步，眼看着别人抢走了这块"肥肉"，只好等待时机，另谋他计。

1837年，经济危机席卷全美，梅里特兄弟的公司同样陷入困境。做祷告时，兄弟俩将自己的困难告诉了当地受人尊敬和信任的劳埃德牧师。劳埃德知道他们的情况后，十分热情地表示愿意助梅里特兄弟一臂之力，因为他有一位大财主朋友，他可以求助这位朋友借给兄弟俩一笔钱。经过劳埃德牧师的热情介绍，梅里特兄弟以比银行还低的利息，从那位财主那儿借到42万元。当一切手续办完后，兄弟俩对牧师千恩万谢，因为这42万元对他们的公司无异于雪中送炭。

可是不到半年，牧师劳埃德找到梅里特兄弟，严肃地对他们说他的朋友因故要马上索回借款。兄弟俩刚将42万元投资于矿产，哪能立即拿出那么多的钱呢？无奈，作为被告，他们被迫走上了法庭。原来，他们借的钱是考尔贷款。所谓考尔贷款即贷款人可以随时索回贷款，故其利息低于一般贷款利息。根据美国法律，借款人要么立即还款，要么立即宣布破产，没有第三种选择。梅里特兄弟移居美国时间不长，英语说得不流利，更不会仔细推敲字句，他们做梦也没想到，劳埃德牧师诱使他们签署的字据是一个置他们于死地的陷阱。然而后悔已来不及了。

梅里特只好宣布破产，将矿产卖给洛克菲勒，作价52万元。而几年之后，洛克菲勒却以1941万元的价格把密沙比矿卖给摩根，摩根还认为拣了个便宜。

第14计

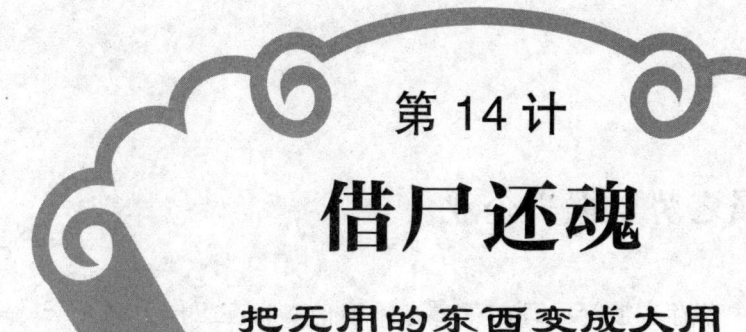

借尸还魂

把无用的东西变成大用

《三十六计》第十四计"借尸还魂"曰:"有用者,不可借;不能用者,求借。借不能用者而用之,匪我求童蒙,童蒙求我。"

其大意是:有作为的,不求助于人;无所作为的,求助于人。利用无所作为的并顺势控制它,不是我受别人支配,而是我支配别人。

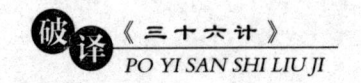

借激励下属之势　振兴企业

工作场合中若存有放弃心理的部属，不但他本人在工作上毫无干劲，且足以影响其他部门人员的士气。

领导者对于"放弃型"的部属切莫轻言放弃，否则对方便会就此一蹶不振。应继续给他机会，帮助他从挫折中再度站立起来。

对于放弃型的部属，与其采取高压的态度来推动他前进，不如设法让他自觉自身所处的紧要关头，意识到自己非奋发图强不可。

领导者必须设法使放弃型的部属一步一步地恢复信心，让他明白自己仍然深具前途。

曾经有一项对各行企业人员所进行不记名方式的访问调查，结果发现部分人员如此表示：

"现在，我正在为自己作打算。有时想想，这实在是最糟的时候。到底要不要离开公司呢？但是，一旦辞了职，又无处可去。我真怀疑人生还有什么值得努力的事！"

上述这段话并非厌倦人生者的告白，而是人生方才开始的二十来岁年轻人所亲口表露的心态，委实令人感到惊讶。更糟的是，这种类型的人并非仅是一、二件特例，而是不论何种行业中均不乏其人。

对于持这种心态的人，领导者千万不可贸然委予重任，而应指派属于辅助性质的工作，在确定他已经建立起些许的自信后，再指派他担任轻度责任的事务。总之，一方面尽量设法使其恢复自信，另一方面则避免对他表示具有批评性的言辞。

借助知识展翅飞

现在管理界流行"借知"说，意思是借知识成就领导水平。其实，人生就是一个求知、借知的过程。

知识无价货有价，学海无涯勤是舟。据说古希腊一位哲学家叫泰勒斯，穷途潦倒。有一次，他穿得衣衫褴褛，在街上行走。迎面走来的几个商人对他进行挖苦："泰勒斯，听说你知识渊博。可是，知识能给你带来什么呢？是黄金？还是面包？"哲学家答："咱们走着瞧吧，我会用事实来教训你们的。"

此后，泰勒斯运用丰富的知识，推断来年将是个橄榄丰收年。于是，他在冬天用相当低廉的租金，把当地所有的橄榄榨油器全租下来。不出所料，次年果然是个橄榄丰收年。这时，许多急于发财的人到处找榨油器，结果都一无所获。最后才知道榨油器都给泰勒斯垄断了。他们走投无路，跑到泰勒斯家门口苦苦哀求，其中也有那些挖苦过泰勒斯的商人。这时，哲学家以嘲弄的口吻向众商人声明："高贵的富翁呵！看到了吧！这些榨油器都是我用知识搞到手的。像你们这些富翁也只好求助于我。然而，我追求的并不是这几个钱。我需要证明一个道理：知识是无价之宝，是最伟大的力量。"

泰勒斯之所以得胜，完全得助于知识的力量，试想，如果他不是

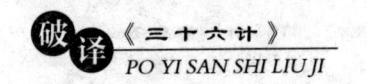

具备丰富的天文学、数学、农业和预测学的知识，以及资金运作、供求规律等方面的知识，又怎么可以取得这场胜利呢？可见知识生财这个道理，鉴古察今，无有例外。

领导需要具备知识与才能。企业家应该是杂家中的杂家，专才加通才、帅才。循此要求出发，想做一个称职的企业家，在经营事业中能够不断取得成功，必须养成终身好学的习惯，不断进取，永不知足。只有不断改进思维，更新知识，才能不断增长才干，借助知识展翅飞。

一个人知识、能力的"博"和"专"也是相对的，"博"是第一位的，"专"是第二位的，这是对企业家的能力要求而言。对知识能力的积累提高过程来说，则应先从"专"入手，由"专"及"博"。在某个专业经营系统里，可以改改行；在两个企业经营系统里，可以跨跨行，做到博知，防止浅薄，专知不能单一。企业家为了扩散自己的博闻能力，可以读些专业的书籍，做些外专业的事情，如参加各种学术讲演会、经营管理训练班、参观考察各行各业的企业等活动。为了磨炼解决实际问题的能力，工作时间专到"老大难"的场所去，碰到棘手工作非把它解决好不可。业余时间可以与孩子猜猜谜，与友人下棋看戏、听听音乐，或者有目的地谈天说地，不仅生活乐趣高尚，又能陶冶性情，还对活跃思维、增强智力有积极作用。这样通常有意识地从多方面来自我造成合格的帅才。

有求于人巧开赞口

求人时应当对所求的人给予恰到好处、实事求是的称赞，但也不能漫无边际、肉麻地吹捧。求人时说点对方乐意听的话，尤其是顺便在所求之事方面称赞对方一下，也不失为一种求人巧开口的办法。

有一个大学讲师想请某文化名人为自己的一本即将出版的书题写书名。得知来访者的意思后，这位一贯以幽默著称的名人笑着说："是题字啊，可以。不过，现在讲究经济效益，请我题字是不是该付点钱啊？便宜一点儿吧，300块一个字，怎么样？"

这虽然是开玩笑，但年轻的讲师也听出了这位名人似乎对常有人打他的手迹的主意稍有些抱怨之意。于是，她说："先生，您这话可是只说对了一半哟。要得到您的墨宝，理当付钱，可是，您的字何止值300块钱一个呢？比方说，我想要一件值3000块的衣服，这家商店买不着，还可以到别的商店去买，可您的墨宝只能出自您的手下，天底下也别无他处可寻呐，那么，在我看来，您的那个字真正的是无价之宝啊，我付多少报酬也不够呢。"

几句话说得这位早已听惯了恭维之辞的知名人士竟也觉得"别有一番滋味儿"，遂"欣然命笔"。这就是你话说得巧妙的结果，让别人欣然地接受你达到"借尸还魂"的目的。

第15计

调虎离山

制服强者的招数

《三十六计》第十五计"调虎离山"曰:"待天以困之,用人以诱之。往蹇来返。"

其大意是:等待自然条件对敌人不利时再去围困敌人,用人为的假象去诱惑敌人。向前进攻有危险,那就想办法让敌人反过来攻我。

丰田调动员工的积极性

作为领导人,第一是要在充分理解"调虎离山"之计的时候,充分调动员工的积极性。

日本丰田汽车公司领导人石田倡导的"卡片登记办法"和"合理化建议"运动,是1951年从美国学来的,石田发现这种制度对经营管理很有效,便派丰田英二(现任总经理)去美国福特公司学习这种知识。丰田英二回国后,就着手建立丰田式的"提案制度",其口号是:"要有好产品,就得先有好主意。"石田在一次职工大会上讲:"汽车的生命在于物美价廉,丰田汽车公司的最终目标是:产品要更好,价钱要更便宜,好主意建设好产品。"如何降低产品成本,是企业家永恒的课题,他对合理化建议的成果——提案,作了认真的审查,首先把"建议"分为有形效果、无形效果、利用程度、独创性、设想性质、职务内、职务外等几大类,然后根据类别打分,每个项目按5分~20分的级差进行评分,到满100分为止。超分有奖,奖金起点为500日元,最高为20万日元,特优者给重奖。各工厂、车间、部门都有"建议委员会",总公司设有"创造发明委员会"负责审查全公司的"建议"工作。建议分三级进行审查:第一级由车间负责人审查后决定要不要上报;第二级由各厂、各部门的"建议委员会"审查,但只接受奖金超过6000日元以上的建议;第三级由总公司"创造发明委员会"审查,只接受奖金在2万日元以上的建议。

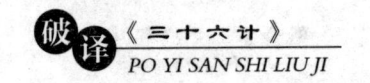

每月各下属厂、公司、车间都要公布一次"建议"件数和采纳情况，并召开隆重的三级大会颁发奖金。1952年，丰田在刚开始执行这样一个好制度时，遇到困难也不少。各下属厂、公司、车间尽管都贴了大布告征集建议，但每月所征集到的建议寥寥无几，一年不过183件，建议箱上布满了尘土和蛛网。丰田的领导没有后退。他们坚持动员，坚持行动，到1974年就收到了40多万条建议，采用率达79％，发了奖金3.6亿日元，1975年，奖金达4.3亿日元，接受了45万条建议，采用率在85％。丰田公司从此开始形成了"丰田精神"，平均每人每年提出10多条建议，除节假日外，公司一天就要收到2000条建议。1977年发建议奖金4.26亿日元。建议有大有小，各式各样。

石田吸取丰田一郎的教训，重视人的因素，提出了"尊重人"的口号。他说："谋事在人，造就积极为企业动脑筋，又为企业卖力气的丰田人是工作的根本。"石田经过10年的苦心经营，于1962年总结出如何处理好劳资关系的经验，提出"劳资宣言"，首先在物质生活条件上替职工着想，包括厂址选择和生产体系布局。丰田的工厂体系世界上少见，厂与厂之间都不超过30分钟行车的距离。职工的宿舍、医院、商店、学校、文娱场所都分布在厂区周围，任何一个职工都没有生活上的后顾之忧。5年以上工龄的职工可以获得500万日元低息购房贷款，20年付清。35岁以上职工都能置房，25岁以上年轻人都有自己的汽车。为了满足职工精神生活的需要，公司办起了藏书7万册的图书馆，建造了各种球场、体育馆、游泳池等。每年5月，丰田公司都要召开运动会，届时丰田首脑全部参加，十分热闹。丰田为最早执行5天工作制的公司，公司领导一直保持与职工们同苦同乐的传统，加上大部分都是本地人，彼此十分亲密融和，充满了同乡之谊。因此，丰田公司被称誉为"忠诚集团"，丰田公司十分重视社团在联系人与人之间感情上的重要作用，还重视家庭教育的作用。每年2月1日，是丰田公司的"人事调动日"。人员调动后，新领导都要给部下的家长写信。在部下结婚纪念日和生日里，领导都要登门拜访和祝贺。这些工作虽不起眼，但对职工的鼓舞却很大，增强了丰田人的光荣感和责任感。

掩藏动机　迷惑别人

把心志深深地藏在心底，让人不能觉察。好多人因此而成大业，古往今来，这种事例不胜枚举。

司马懿装病夺权是一则有名的故事，目的是在于迷惑对方，使其放松戒备，然后暗中图事，俟机会成熟，便原形毕露。这一招很灵。

魏明帝时，曹爽与司马懿同朝执政。司马懿为迷惑对方，便假装生病，闲居家中等待时机。

曹爽骄横专权，不可一世，唯独担心司马氏。正值李胜升任青州刺史，曹爽便叫他去司马府辞行，实为探听虚实。司马懿明晰实情，就摘掉帽子，散开头发，拥被坐在床，假装重病，然后请李胜入见。

李胜拜见过后，说："一向不见太傅，谁想病到这般。现在小子调做青州刺史，特来向太傅辞行。"

司马懿佯答："并州靠近北方，务必要小心啊！"

李胜说："我是往青州，不是并州！"

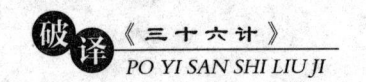

司马懿笑着说:"你从并州来的?"李胜心想:这老头儿怎么病得这么厉害?都聋了。

"拿笔来!"李胜吩咐,并写了字给他看。

司马懿看了方明白,笑着说:"不想耳都病聋了!"手指指口,侍女即给他喝汤,他用口去饮,弄得满床都是,噎一番,方说:"我老了,病得又如此严重,怕活不了几天了。我的两孩子又不成才,望先生训导他们,如果见了曹大将军,千万请他照顾!"说完又躺在床上,喘息起来。

李胜拜辞回去,将情况报告给曹爽,曹爽大喜,说:"此老若死,我就可以放心了。"从此对司马懿不加防范。

司马懿见李胜走了,就起身告诉两个儿子说:"从此曹爽对我真的放心了,只等他出城打猎的时候,再给点厉害让他尝尝。"

不久,曹爽护驾,陪同明帝拜谒祖先。司马懿立即召集昔日部下,率领家将,占领了武器库,威胁太后,削除曹爽羽翼,然后又骗曹爽,说只要交出兵权,并不加害他。等局势稳定了,就把曹爽及其党羽统统处斩,掌握了魏朝军政大权。

司马懿伪装得惟妙惟肖,让曹爽没有丝毫的觉察,这正是司马氏夺权成功的原因。

以退为进　调虎离山

人生也和战场一样光凭勇猛是不行的,就像拳击,后退两步出拳更有力一样，也像田径中的跳高助跑一样，假如你想做某件事情先发制人，得寸进尺不失为一种策略，但是，这样很容易招致对方的抵触情绪，影响双方良好的人际关系。

因此，有经验的人往往采取以退为进的策略。

退是一种表面形式。由于在形式上采取了退让，使对方能从你的退让中得到心理满足。因此，不但思想上会放松戒备，而且作为回报，或说或做，他也会满足你的某些要求。而这些要求正是你的真实目的。

可以给自己留出让步的余地，以便在对方的讨价还价中有所退却，满足对方的要求。

但是，不要让步太快。因为轻而易举地获得你的让步，不但不会使对方在心理上获得满足，反而会怀疑你的让步有诈。而慢慢让步不但使对方在心理上得到满足，而且还能更加珍惜它。

让对手努力争取他所能得到的东西。对对方能够得到的东西不要去拒绝他，而是要让他通过努力争取来获得。

这样做，看起来像是你的一种让步，而其实你是以对方应该得到的东西来换取他在其他方面的让步。这当然是一种有益而无害的让步。

谈判中，要让对方尽可能地多发言，充分表明他的观点，说明他的问题，而你却应该少说为宜。

这样，对方由于暴露过多，回旋余地就小。而你很少曝光，可塑性很大。两者的处境，犹如一个站在灯光下，一个躲在暗地里。他看你一团模糊，你看他一清二楚。这样你就掌握了成败的主动权。

第16计

欲擒故纵

让对手跳不出自己的手掌

《三十六计》第十六计"欲擒故纵"曰:"逼则反兵,走则减势。紧追勿迫,累其气力,消其斗志;散而后擒,兵不血刃。需,有孚,光。"

其大意是:逼敌过甚会遭其反扑,让敌逃跑能削弱其势力。追击宜尾随而不迫近,消耗其体力,消除其斗志,等到敌人溃散时再去捕俘,可以避免流血战斗。所以,暂缓过急行动,小心行事,瓦解敌人,便会有利于自己。

向上建议　欲抑先扬

领导们都是喜欢那些能够听从自己命令的下属的，这首先是一种上下级权力分工的需要，上级应该对下级有权进行指挥、命令、监督和管理，只有这样才能保证上令下行，上行下效，下属服从领导是他们各自的职责要求。

其次，领导喜欢下属服从自己还缘于一种感情上的需要。因为支配和控制一个人的行为是能够给自己带来快感和成就感的，也是自己有面子的一种外在表现。下属服从领导，是对领导地位和权威的认可，是给领导面子。下属如果不服从领导，甚至当面顶撞领导，这就会使领导在面子上感到难堪，下属和领导的关系就会岌岌可危。

但是，有的时候领导也会错怪下属，使下属受到委屈。这时应该怎样做呢？

发生这种情况时，下属应该注意两点：第一，下属应该保持克制冷静的态度，自己心里明白是领导错怪了自己，但也要暂时忍让，不要当面冲撞领导，以免损害领导的面子。因为一旦损害了领导的面子，领导就有可能将错就错，不会再改正他的错误。第二，受了委屈之后，也不能总保持沉默，在必要时要向领导倾诉自己的委屈，但要注意方式方法，不要在领导的火头上冲撞领导，把关系搞僵。下属要学会选择时机，同时也要学会用适当的方法说明领导委屈了自己，证明自己的正确。

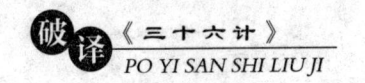

在给领导提意见时，要注意方法，经验证明，欲抑先扬是一种很好的提意见的方法，这种方法的要旨就在于当你想给领导提意见时，你不直接指明领导的错误，避免损伤领导的面子。而是先肯定领导的做法，并按照领导的逻辑进行推理，直到推理出非常明显的错误，让领导自己发现这种错误并主动改正过来。

对待领导的意图不能强硬抵抗，也不能不讲情面大批一通，提出一大堆的意见，如果你想让你的领导能够接受你的意见，你必须照顾到领导的面子，以适当的方式将意见表达出来，这样才会增大领导对你的意见接受的可能性。

在现实生活中，很多人利用"欲擒故纵"之计，也就是说这些人对本来想得到的东西在表面上不闻不问，表现得无所谓，任其自然，但暗中却在思谋策划，紧紧跟踪，一旦捕住有利时机，就进行激烈竞争，以达到自己欲擒先纵、欲揭故掩的目的，这正是"欲擒故纵"之计的应用。

欲擒故纵　感动作家

欲擒故纵虽说古人常用，但现代人用来也有锦上添花之妙，有位编辑向一位名作家约稿。那位作家一向以严肃难于对付著称，所以这位编辑在去他家之前，感到既紧张又胆怯。

那次他跟那位作家的交涉果然没有成功，因为不论作家说了什么话，这位编辑都说："是，是"，而无法开口说明要求他写稿的事。在这种情况下，编辑只好准备改天再来向他说明这件事，今天只好随便聊聊天就结束这次拜访。

突然间他脑中闪过一本杂志刊载有关这位作家近况的文章，于是就对作家说："先生，听说您有篇作品被译为英文在美国出版了，是吗？"作家猛然倾身过来说道："是的。""先生，您那种独特的文体，英语不知道能不能完全表达出来？""我也正担心这点。"接着他们滔滔不绝地说着，气氛也逐渐变为轻松，最后作家竟答应为编辑写篇稿子。

这位严肃不轻易承诺的作家，为什么会为了编辑一席话，而改变了原来的态度呢？那是因为他认为这位编辑并不只是来要求他写稿，而且读过他的文章，对他的作品十分了解，所以不能随便地应付。让对方以为自己对他的事非常清楚，就像那位编辑一样，在心理上占了优势。这位编辑避开约稿之事，而恭维起了他的作品，绕开敏感话题，他的这招还真灵。

心急吃不了热豆腐

求职者不仅仅要相时而动，还要学会欲擒故纵。

俗语说："心急吃不了热豆腐。"

或许，大家都见过猫捉老鼠，猫儿静静地守在老鼠洞口，全神贯注地盯住，一旦有鼠溜出，猫儿便以迅雷不及掩耳之势，将可怜的小老鼠拿住。但猫儿并不立即将其吞到肚子里，而是将它拿到宽敞的平地处，将它放开，鼠儿自然是没命地逃，无奈却又被猫儿抓回。这样，抓回，放掉，抓回，直至老鼠筋疲力尽，放开后再也不逃跑了，猫儿才怡然自

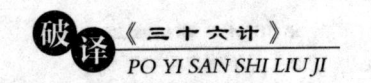

得地将老鼠叼到僻静之处，美美地饱餐一顿。

猫儿捉鼠，欲擒故纵。虽说猫儿不会说话，但其方法却给人启示。

成语说"欲速则不达"，急于求成是不明智的选择。处理任何事都要学会掌握节奏。要想达到某一目的，我们不能直冲着目标而去，而应学会迂回环绕。面对一座极为陡峭的高山险峰，我们不要冒险去直接缘直壁而上，我们可以绕着山路环行，最后便可安全地到达山顶。我们捕鱼时，要一点点地将水淘干，让鱼儿慢慢地失去容身之地，自己暴露出来，而不是要跳到水中乱抓乱搅，因为那样恐怕一条鱼都不会捞到。

所以说，求职者要学会欲擒故纵。比如我们要驯服一条狗，并不只是用一段锁链将其牢牢地拴住就行了，真正驯服一条狗需要一步步地驯化，先要任其野性张扬，慢慢地利用喂食等进行驯化。倘若只简单将它拴住，狗不但不会驯服，反而会越来越狂，狂吠不止，甚至还可能变疯，见人就咬，养了也是枉费心机。

曾有一国外的科学家做过一个实验，他将青蛙扔到滚烫的沸水中，青蛙便会立即跳出水面而不会受到损害，但如果将青蛙放到冷水中，然后在下面慢慢用小火加热，则青蛙会不知不觉地死在逐渐沸腾的开水之中。这则实验便可说明欲擒故纵的道理。

第17计
抛砖引玉
用土块换金子

《三十六计》第十七计"抛砖引玉"曰:"类以诱之,击蒙也。"

其大意是:用极相类似的东西去迷惑敌人,使敌人懵懂上当。

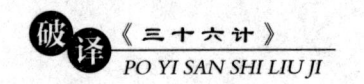

一招一式　用心良苦

威尔逊当总统的时候，在他左右的许多人之中，唯有郝斯最赢得他的信服，别人的意见很少被采用，或是根本不被采纳，而郝斯的计划却屡次被威尔逊采用。郝斯的自述告诉我们："在认识总统之后，我懂得了使他听从我的意见的最好方法，我先把计划'偶然地'灌输到他的脑海里，让他自己感兴趣，使他自己去思索。这原本是在一个十分偶然的机会中发现的。记得有一次，我到白宫去觐见他，向他陈述某件方案，可是他非常的不赞成，但是，数天以后，在一次筵席上，我很吃惊地听到他正在以我的建议作为他自己的意见而发表演说。"

郝斯非但使威尔逊相信这种思想是他自己的，更让威尔逊获得民众的景仰。在1914年春季，威尔逊曾慎重地赞成郝斯的"停战方案"。当时，为要实现这个计划，郝斯奉威尔逊的命令赴法国巴黎做外交上的接洽，他从巴黎写信给威尔逊时，却说这个计划是威尔逊个人的独创思想，并详细地记载了他与法国外交总长的谈话，在这一场谈话中，他将整个计划归于威尔逊总统的勇气及先见之明。实行这个"停战方案"的结果，果然大见成效。于是郝斯遂大受威尔逊的青睐。

以上所讲的，就是郝斯在整个威尔逊执政时期所运用借力使力策略的主要秘诀。这种策略在说明了以后，并没有特殊之处，但是如果能很巧妙地去运用的话，它的威力将比任何政治领袖还要大。郝斯真是一位能够运用该策略且实行得最理想的大师。

雨中借伞　旨在抛砖引玉

日本有家越后屋布店，经营各类纺织品，店面不大，资本不厚，生意也一般，店主人心里颇为焦急。

有次下雨，一些人急急奔到布店来躲雨，店主忙叫店员把店里的几把雨伞借给躲雨人。虽然不少人仍然没有伞，但大家都对越后屋产生了好感。雨后，店主人叫人买了一大批雨伞，还工工整整地写上"越后屋布店"的字样。以后下雨，来布店避雨的人都可以借到一把雨伞。

说也奇怪，布店的生意居然渐渐兴盛起来。几年以后，布店变成了三屋百货公司，店主成了董事长。店主尽管财大了，气却不粗，仍不怕麻烦，公司中还是备有雨伞，下雨天可以借去用。

这店主借伞之举是否自找麻烦，多此一举？借伞还伞，确实很麻烦。但是，它却对企业发展起了良好的作用：

（1）借伞给人留下一个良好的企业形象。人们想，肯借伞给别人的商店不可能是只知道赚钱坑害顾客的商店。这样的商店比较信得过。顾客有了这种心理，生意自然会兴隆起来。

（2）越后屋利用借伞之举，给自己的企业做了活广告，下雨的时候，人们撑着写有越后屋字样的雨伞穿街走巷，它使布店名声传扬。

（3）借伞，还伞沟通了商店与顾客的关系，人们进店借伞还伞，就会看到商店的橱窗、广告、商品，就会产生购买欲。

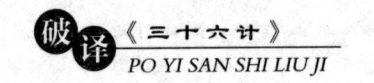

果断"抛砖"方能引来无尽财

美国的罗伯梅德家庭用品公司，八年来生产迅速发展，利润以每年18%～20%的速度增长。这是因为该公司成功运用了一种威力无比的经营管理武器——激励机制，也就是以高工资激发雇员的进取心和竞争欲，从而为公司创造更多的劳动成果——利润。

该公司建立了利润分享制度，把每年所赚的利润，按所规定的一个比率分配给每一个员工，这就是说，公司赚得越多，员工也分得越多，员工明白了这个"水涨船高"的道理，人人奋勇，各个争先，积极生产自不待说，而且主动改进产品。因此，该公司在家庭用品业中一直以高质量著称，赢得大量订货。

从表面上看，职员的工资高，成本也就高，利润就偏少。而事实上，该公司形成了一个良性循环的增值体系：高工资——高效率——高利润——更高工资——更高效率——更高利润……就长期而言，给雇员支付高于一般水平的工资，反而是一项降低成本的有效手段，因为支付给雇员的那部分工资，毕竟只是新增长的利润的一部分。高工资手段还能起着加强企业向心力的作用，稳定雇员队伍，还能从别处挖来人才。

罗伯梅德公司"抛砖引玉"的良苦用心换得了财源滚滚来。这一明智之举已为越来越多的企业所效仿。

"抛砖引玉"这一计成果的优劣即在于要懂得"精打细算"，算得准，抛出一块砖，可以赚得一块玉，可谓一本万利。算不准，很可能变成"抛玉引砖"，那就血本无归了。

第18计

擒贼擒王

——一把抓住要害部位

《三十六计》第十八计"擒贼擒王"曰:"摧其坚,夺其魁,以解其体。龙战于野。其道穷也。"

其大意是:摧垮主力,抓住首领,就能在总体上瓦解敌军。这就使敌军像蛟龙离海在陆地作战,必定陷入穷途绝境。

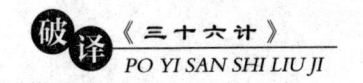

用人唯贤成就大事

要办成大事的人，必须去"擒"要害，看到主要方面，不考虑琐碎的细节，才能实现自己的意图。其实人非圣贤，孰能无错，如若求全责备，恐怕世上无一可用之人，也无一可做之事。

唐人刘晏，唐代宗时任转运租庸盐铁使，曾经建工厂造船，给钱一千缗。有人说实际花销还不会到半，请求减少。刘晏说："不得。要办大事，就不应吝惜小的费用。如果一点点地计较，怎么可能长久地进行生产呢？"后来果然像其所说的那样。

事实证明，瑕不掩瑜，司马光曾说："当这个官的人，应该多从大处着眼，放弃琐小的事情。"

子思住在卫国时，向卫君推荐荀变说："他的才能可以带五百辆战车打仗，可任为军队的统帅，如果得到这个人，就会无敌于天下。"子思说："英明的人选用人才，就好比高明的木匠用木材。用完可用的部分，抛开它不可用的部分。所以杞树、樟树有一围之大，但有几尺腐烂了？好的木工不放弃它，为什么呢？知道没有用的部分是非常微小的，最后用来做成非常珍贵的器具。现在您处在列国纷争的时代，需要选择可用的人才，而不是一帮平庸之辈和马屁精，这种事件千万不要让邻国知道了。"卫君听后，反复地向子思道谢。

古代兵法上的"擒王擒贼"原义是指摧毁敌人主力，现今活用此计就是抓住事物的首要方面，把主要矛盾解决了，次要矛盾就会迎刃而解了。就像上面所说的军队中有了可用的统帅，士兵就会有打胜仗的信心。

该出手时就出手

所谓"人望高处"，没有人希望永远居于人下，在工作上能够获得成就感，得到上司的赏识，相信是每个人的愿望。所以聪明的工薪阶层，应懂得制造自我表现的机会，把握时机，尽显所长。以下有些简易的好方法，能助你突出自己的长处，让上司对你有良好的印象，一旦日后有什么"肥缺"，他也会较容易想起你。

（1）也许你觉得在公司的餐厅进餐是一件很痛苦的事情，但每星期你最好能有三天在公司里进餐，稍作休息后，便回到自己的工作岗位上，表现出精力充沛、充满热忱的样子。

（2）除了对自己的工作性质有深刻了解外，你还须对其他部门的工作有一定的认识，虚心向人请教自己不明白的地方，千万别以为这是费时费力的事情，老板会对这种职员极具好感。

（3）对于公司的发展情况，对公司所面对的种种问题，应主动提出肩负解决某些疑难的责任。

（4）假如自己做错了什么事情，你要对上司直言不讳，切勿推卸责任，此举会令上司觉得你是一个可靠的职员。

两个具有同等学力、同等工作能力的员工，老板将如何去选择擢升人选？那当然是较机敏、人际关系良好、尊重上司、处处给人好感的一

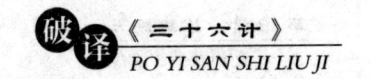

个胜算较大了。

所以，要竞争，就要存起本钱。

老板指派的工作，应该打起精神，而且要快而准确地做妥，当呈报老板时，要表现得不慌不忙，笑容可掬。每天第一次与老板相遇，别忘说声"早安"或"午安"，这不是拍马，是尊重。见到老板有什么疏忽的地方，如衣服污染了，头发有秽物等，立刻助他一把，这又叫善解人意。请记住：平庸之辈永远没有机会。

身陷囹圄索尼巧擒"带头牛"

今天，日本索尼公司的彩色电视机早已饮誉全球。但是，20世纪70年代中期，在美国它还是一种名不见经传，无人问津的"杂牌货"。

当卯木肇先生风尘仆仆来到美国芝加哥市，担任索尼公司国外部部长时，索尼彩电竟在当地寄卖商店里睡大觉，蒙尘垢面，几乎无人问津。

面对如此难堪的局面，卯木肇先生苦苦思索，几乎一筹莫展。

一天，他偶然经过一处牧场。当时夕阳西下，飞鸟归林，一位稚气的牧童牵着一条健壮的大公牛进牛栏。公牛的脖子上系着一个铃铛，叮当叮当地响着，一大群牛跟在这头公牛屁股后面，温驯地鱼贯而入。卯木肇看着看着，忽然大叫一声"有了"。

原来，他触景生情，灵感突发，悟出了一种推销彩电的办法：眼前这一群庞然大物规规矩矩地被一个不满三尺的牧童驯服，是因为牧童牵着一条"带头牛"。索尼彩电要是能找到一家"带头牛"商店率先销售，

第18计 擒贼擒王
一把抓住要害部位

不是很快就会打开销路吗？

经过研究，卯木肇选定当地最大的电器销售商马希利尔公司为主攻对象。第二天上班时，他兴冲冲地赶到马希利尔公司求见公司经理。名片经传达人员递进去很久才退回来，回答是"经理不在"。

卯木肇先生心想：刚刚上班，经理肯定在办公室。也许是他太忙，不愿接见，明天再来吧。第二天，他选了一个估计经理较清闲的时候去求见，这次仍没见到。

直到第四次求见，卯木肇先生才见到经理。

"我们不卖索尼的产品，"没等卯木肇先生开口，经理劈面就是一句，接着大发一通议论。大意是："你们的产品降价拍卖，像一只瘪了气的皮球，踢来踢去无人要。"

为了事业，卯木肇先生忍气吞声，堆着笑脸唯唯诺诺，表示不再搞削价销售，立即着手改变商品形象。

见面后，卯木肇先生立即从寄卖商店取回索尼彩电，取消削价销售，并在当地报刊上重新刊登广告，再造商品形象。

卯木肇先生带着刊登新广告的报纸，再次去见公司经理。那位经理以"索尼售后服务太差"为由拒绝销售。

卯木肇先生二话没说，回驻地后立即设置索尼彩电特约维修部，负责产品的售后服务工作，并重新刊登广告，公布特约维修部的地址和电话号码，保证顾客随叫随到。

谁知马希利尔公司经理在第三次见面时，再度以"索尼知名度不够，不受消费者欢迎"为由而拒绝销售。

虽然仍旧遭到拒绝，但卯木肇先生没有灰心，反而觉得充满信心。

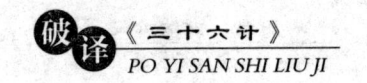

他回驻地后，立即召集 30 多位工作人员，规定每人每天拨 5 次电话，向马希利尔公司询购索尼彩电。接连不断的求购电话，搞得马希利尔公司的职员晕头转向，误将索尼彩电列入"待交货名单"。

卯木肇先生再一次见到经理时，经理大为恼火："你搞的什么鬼？！制造舆论，干扰我公司的正常工作，太不像话了！"

卯木肇先生不慌不忙，待经理气消了一点后，大谈索尼彩电的优点，是日本国内最畅销的商品之一。他诚恳地说："我三番五次求见你，一方面是为本公司的利益，但同时也考虑到贵公司的利益。在日本畅销的索尼彩电，一定会成为马希利尔公司的摇钱树！"

马希利尔公司经理听了这番话以后，又找了一条理由：索尼产品利润少，比其他彩电的折扣少 2%。

这时，卯木肇先生不是急于提高折扣，而是巧妙地说：折扣高 2% 的商品，摆在柜台上卖不出去，贵公司获利不会增多；索尼折扣虽少一点，但商品俏，销得快，资金周转快，贵公司不是会获得更大利益吗？

卯木肇先生满怀信心，回驻地后立即选派两名能干的年轻英俊的推销员送两台彩电去马希利尔公司，并告诉他们：这两台彩电是百万美元订货的开始，要他们送到货后留在柜台上，与马希利尔公司店员并肩推销。

临走时，卯木肇先生还要求他们与店员搞好关系，休息时轮流请店员到附近咖啡馆喝咖啡。如果一周之内这两台彩电卖不出去，他俩就不要再返回公司了……

当天下午 4 点钟，两位年轻人回来，报告两台彩电已销出，马希利尔公司又订了两台。卯木肇先生非常高兴。

至此，索尼彩电终于挤进了芝加哥市"带头牛"商店。当时正值12月初，是美国市场家用电器销售旺季，经过一个圣诞节，一个月内竟卖出700余台。

马希利尔公司大获利市。那位经理对索尼彩电立即刮目相看，亲自登门拜访卯木肇先生，并当即决定索尼彩电为该公司下年度主销产品，联袂在芝加哥市各大报刊刊登巨幅广告，提高商品知名度。

有马希利尔公司这条"带头牛"开了路，芝加哥地区100多家商店跟在后面纷纷要求经销索尼彩电。不到3年，索尼彩电在芝加哥地区的市场占有率达3%。

由于有了芝加哥这条"带头牛"，索尼彩电在美国其他城市的局面打开了。

卯木肇先生正是运用了"擒贼擒王"的策略。

马希利尔公司是芝加哥电器销售行业中的"带头牛"，也就是这行业的"王"。卯木肇先生在索尼彩电备受冷落的情况下，从牧童放牛中得到启发，决定抓住问题的关键。

这正是"擒贼擒王"之计的威力。

第19计
釜底抽薪
从根子上解决问题

《三十六计》第十九计"釜底抽薪"曰:"不敌其力,而消其气,兑下乾上之象。"

其大意是:不直接抗击强敌的锋芒,而设法削弱对手的气势,这是一种以柔克刚的取胜之法。

略施计策　逼走孔夫子

春秋时，鲁国重用孔子，国泰民安，日益殷实。为此刚刚失去贤相晏婴的齐景公感到了威胁，便对大夫黎弥说："自孔子相鲁以来，鲁国日益强大，将来它的霸业一成，我国必首蒙其害，这可如何是好？"

黎弥沉思了一会儿说："想办法逼走孔子，鲁国必然孱弱如初。"

齐景公问："孔夫子在鲁国正受宠走红，怎样才能逼走他？"

黎弥便把自己的计策说了出来："俗话说，饱暖思淫欲，贫穷起盗心。今日鲁国一片太平，鲁定公必有好色之念。如若选一群美女送予他，让他夜夜笙歌，一本正经的孔夫子还能诚心辅佐他吗？他们君臣还能像过去一样亲密无间吗？这样一来，保管气走孔夫子，那大王不是可以安枕无忧了吗？"

齐景公连称妙计，令黎弥挑选 80 名美女，教以歌舞，授以媚容，另选 120 匹宝马，特别修饰，一并送到鲁国，说是给鲁定公享受的。

鲁国的另一位丞相季斯听到这个消息后，即刻换了便服，坐车到南门去看，见齐国美女正在表演舞蹈，娇声遏云，舞态生风，一进一退，光华夺目，不禁目瞪口呆。

等到定公几番宣召他入宫，把齐国国书给他看时，他立刻答道："此乃齐王的好意，不可推辞。"

于是定公便在季斯的带领下去看这群美女，只见美女们摇臂摆身，似

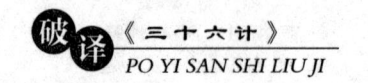

临风之芍药；歌声乍起，疑为群莺出谷。鲁定公乐得神魂飘荡，手舞足蹈。

鲁定王当即回宫，便叫季斯多谢齐王，重赏齐使，把两批厚礼收入宫去。定公从此沉迷酒色，不理朝政。

孔子见状，十分忧心。他几次劝谏鲁定公，但毫无效果。孔子感到自己的抱负无法在鲁国施展，于是又带领弟子周游列国去了。至此齐景公达到了自己的目的。

鲁国繁盛，是因为有个孔子在主持大局；欲削弱鲁国，再没有比赶走一个人更有效的了，恐怕也没有比这更简单的了。明摆着，齐国用的是"釜底抽薪"之计。

没有无源之水，没有无本之木，任何一支政治力量都有其根源，能从其根源着手，必能得胜。

扼其声势 哈默智取"太平洋"

1961年，哈默石油公司在小小的奥克西钻出了加利福尼亚州第二个最大的天然气田，这个天然气田价值2亿美元。几个月后，又在附近的布伦特伍德钻出了一个蕴藏量十分丰富的天然气田。

这使得哈默石油公司的资产、规模都得到了壮大，但与那些实力雄厚的大石油公司相比，真可谓"小巫见大巫"。正因如此，当哈默兴冲冲地亲自赶到太平洋煤气与电力公司，欲与这家公司签订为期20年的天然气出售合同时，却碰了一鼻子灰。

太平洋煤气与电力公司并没有在意这个刚刚有了一些起色的石油公

司，只用了三言两语就把哈默打发走了。他们说，对不起，他们不需要哈默的天然气，因为他们最近已经耗费巨资准备从加拿大的艾伯格到旧金山的海滨区修建一条天然气管道，这样大量的天然气就能从加拿大通过管道输到美国……

这无疑给设想着能够顺利成交的哈默当头浇了一盆冷水，这使他很难堪，一时间竟然不知所措。

俗话说"姜是老的辣，"哈默不愧为当代少有的大企业家，他很快就从茫然中镇定下来，凭借自己多年的经验，想出了一条"釜底抽薪"的锦囊妙计。

哈默驱车赶往洛杉矶市。洛杉矶市是太平洋煤气与电力公司的买主，天然气的直接承受者。他找到该市的市议会，绘声绘色地向议员们讲了他的计划设想：从拉思罗普修筑一条天然气管道，直达洛杉矶市，他将以比太平洋煤气与电力公司和其他任何公司更为便宜的价格向洛杉矶市供应天然气，以满足市民的需要。而且由于他将加快修建管道的工程进度，将比太平洋煤气与电力公司和其他任何公司提供天然气的时间更为缩短，洛杉矶市民将在近期内用到他的便宜的天然气。

在这场战斗中，哈默先生凭借自己的智慧与经验，娴熟地运用"釜底抽薪"之术，战胜了对手，赢得了胜利。

各不相让　美、瑞展开人才战

商业竞争，说到底是人才竞争。釜底抽薪之计用于商战，往往表现

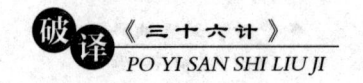

为对人才的争夺。美国是一个科学技术高度发达的国家，它尤其重视人才引进。二次大战以后，美国引进了高级科学家、工程师、医生等24万人。在美国，一个人从小学到大学毕业，政府要付5万美元的教育经费，24万人就是120亿美元，如果再加上家长和社会对学生所付的其他费用，那么数字一定大得惊人。所以美商认为，引进人才不仅是一个无本万利的买卖，而且是商战中的釜底抽薪之计。

比如，瑞士有一位研究生研制成功一种电子笔和一套辅助设备，其性能可用来修正遥感卫星拍摄的红外照片，这项重大发明引起了全世界的注目。美国一家大企业闻讯后马上派人找到那个研究生，以优厚的待遇为条件，动员他到美国去工作。瑞士一些公司也千方百计地要留住他，于是希望得到人才的双方展开了人才争夺战。你加薪，我再加薪，弄得不可开交。最后，精明大胆的美国人说："现在我不加了，等你们加定了，我们乘以5。"就这样，这位研究生连人带笔一起被弄到了美国。

第20计
浑水摸鱼
不像对手一样乱作一团

《三十六计》第二十计"浑水摸鱼"曰:"乘其阴乱,利其弱而无主。随,以向晦入宴息。"

其大意是:乘对方内部发生混乱,利用他力量弱而无主之际,让他随从我,就像人到夜晚入室安睡一样。

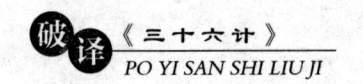

任天堂巧中赚大钱

100年前,一个日本人靠生产纸扑克起家,起名为"任天堂",为中国古语"尽人事,听天命"的意思。到了孙子山内溥这一代,"任天堂"把手工生产改成现代化生产。1953年,山内溥改生产塑料扑克牌,因其耐用而发大财。1955年,他又与美国迪斯尼公司订立合同,大量生产有米老鼠、唐老鸭、白雪公主图像的扑克,又在儿童身上发了大财。1959年,日本电视台打算播放皇太子的结婚典礼,此时,山内溥趁机投资冒险插播了一个15分钟的针对儿童好奇心理的"扑克魔术"节目,轰动一时,销售额直线上升。不久,他又推出"魔手""超级机器"等,真可谓财源滚滚。

但到了20世纪60年代,塑料扑克跌入低谷,欧美人还是喜欢纸牌,其他项目也受阻。山内溥很顽强,1969年他开始致力于开发电子游戏机,与电子录像机的影像游戏机结合推出,后又与家用彩电配合,而且可供选择的游戏种类越来越多。"任天堂"像一阵旋风。1979年2月推出"太空热"游戏机后,任天堂重返日本玩具商的"天皇"宝座。

后来,任天堂又打向美国,到1990年,每5个美国家庭中就有1部任天堂游戏机。一家杂志说:美国孩子没有任天堂,就像没有棒球手套一样遗憾。

任天堂在美国的子公司经理荒川发现,美国的父母担心孩子们迷上

第20计 浑水摸鱼
不像对手一样乱作一团

"任天堂"后，减少了体育运动，于是迅速推出一种叫"动力台"的游戏机，孩子们玩时，必须以跑、跳、碰等方式控制荧光屏上的人物。如此挖空心思，生意哪能不火红。1999年。任天堂在美国的销售额增至27亿美元。他们的成功正是巧妙地运用了浑水摸鱼之计，利用了父母们对孩子的那种担心，为己所用，想出了一个一举两全的妙计。

如何面对对手的"浑水摸鱼"

在现实生活中，必然会遇到各种类型的人，因而也就需要学会同各种各样的人打交道。一般来说，人们都喜欢同热情慷慨的人来往，而不太愿意同那些爱浑水摸鱼，爱贪小利的人打交道。不少青年朋友都因此失去了一些朋友，有些甚至感到非常苦恼。实际上爱浑水摸鱼爱贪小利的人并不一定各个满身铜臭，在人际交往中要作具体分析。

一般来说，在行动上表现为贪小利爱浑水摸鱼，其心理过程往往是因人而异的。究其原因，大体上可以从生活习惯和生活观念两个层次去考虑。有些爱浑水摸鱼人贪小利的毛病是受社会环境（尤其是家庭环境）的影响而形成的一种生活习惯。这样的人往往缺乏远大的理想，家庭生活比较困难，有的则是生活作风随便，自尊要求低，得过且过，不求上进。然而这类人心地并不坏，特别是性格外向，毫无隐忌，容易深入了解。同这类人打交道要注意正面批评，引导他们在工作和学习上下功夫，以提高理想层次。理想层次提高了，自尊的要求就会随之提高，贪小利的毛病便会相应得到克制。对这一类人的贪利毛病切不可姑息，因为对

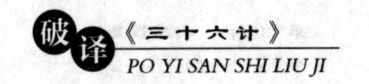

他们姑息，只会加大这种不良生活习惯的程度。另外也不可对他们进行讽刺挖苦，因为讽刺挖苦必然会影响其自尊需要的提高。

　　还有一些爱浑水摸鱼贪小利的人，他们的行为是受到一定意识支配而反映出的生活观念。这类人往往具有比较特殊的生活阅历，在生活中受过磨难，生活观常常表现为以"自我"为中心。同这类人打交道，要真诚地与之相处，在工作、学习生活中真诚地无微不至地帮助对方，用自己的行为去感化对方。俗话说"路遥知马力，日久见人心"，"精诚所至，金石为开"。时间一长，一个处处宽宏大量的人，定会叫这类贪小利的人从内心深处感到惭愧，要知道，当他真正理解了你的一颗真诚的心后，他是会永远感激你的，由此所建立起来的友谊也一定是纯洁的、牢固的。因为靠浑水摸鱼贪小利的人必然不会造成大的危害，对这样的人应从有利于团结出发，让他改变这种坏毛病是重要的做人方法。

第 21 计

金蝉脱壳

挤出一条脱身之道

《三十六计》第二十一计"金蝉脱壳"曰:"存其形,完其势,友不疑,敌不动。巽而止,蛊。"

其大意是:保存阵地的完好原形,造成还在原地防守的声势,使友军不怀疑,敌人也不敢贸然出击。在敌人迷惑不解时,隐蔽地转移主力。

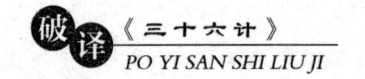

及时摆脱困境

在日常工作中，一成不变的顺境是很难保持的，也许就在你要舒一口气的时候，困境就突然出现了。它会让你措手不及，瞠目以对。而经验丰富的领导者却能够用下列办法轻松解脱：

其一，如何应付掣肘现象。增加领导者活动的透明度可以有效地减少许多干扰行为，从而减少掣肘的发生概率。增加领导者活动的透明度，旨在降低领导者活动中的灰色现象，因而是有分寸的。"过度"或"不及"同样会造成不必要的麻烦，会诱导新的被动受阻的情况。

因此，增加领导者活动透明度是十分必要的。它使群众对领导者活动有了"底"，由此减少了阻碍领导者活动的因素。它使领导工作公开置于群众的监督之下，把在决策之后有可能产生的掣肘因素消化在监督过程中，减少了执行实施中某些受制于人的情况。它满足了被领导者的自尊心和民主权利，减少了领导者工作的复杂性。

本来，有些掣肘事件在发生之前，只要领导者主动沟通一下即可化解，但是由于领导者工作没有做好，导致了一些无谓的分歧，使自己陷入了阻力重重的境地。它会使领导者背上包袱，失去自我；有些人则试图掩盖错误，以致积重难返。在这种情况下，领导者就不可能大胆地开展工作，就不可能大胆地纠正下级的错误。这样不仅领导者失去了自我，手脚被错误所缚，很可能在单位中还形成一种敢于犯错误的不良氛围，领导者面对此境,将会无能为力。

其二,如何保障规则合理。规则是人制定的,但往往规则一成,却回过头把人套住。也就是说,当初制定规则时,是人绞尽脑汁想出来的,但一段时间后就与实际需要脱节,产生种种缺陷。若要加以修正则须花费相当的时间和精力,人们只有继续墨守成规,成为规则下的牺牲品。

总之,一个主管必须时时注意自己所定的规则,是否有不合情理之处,或不切实际的需要;一旦发现有这种情形,就应当拿出魄力,不畏艰难确实加以改革,这一点是千万不可忽略的。

其三,如何处理"内讧事件"。突然出现大量员工辞职的原因,可能是由于:公司内有不利的传言四散;某部门主管拉拢下属跳槽;公司内有剧烈的派系斗争;某主管工作不力,令下属纷纷辞职。

对于第一项,领导者先要找出谣言的源头,加以堵塞。譬如某会计部职员发觉公司亏损严重,四处通知同事另谋出路;或传出老板移民,有意出让公司等。

堵塞了传言后,应立即向员工讲清楚公司的实际情况,例如公司去年成绩虽然不好,但对未来仍有信心,而且公司资金充裕,所以不会裁员等等,以安抚人心。

如果是第二项,对于一些重要的主管离职,应当要求他保证在一定时间内不拉公司的客户或员工跳槽,以保证公司能继续正常运作。

至于第三项,如属派系斗争,则一定要召见派系领导人,对他们的私斗严加叱责,并重申如情况得不到改善,一定将各派领导人撤职。

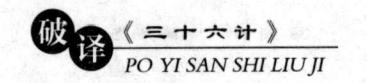

危难关头巧"脱壳"

1928年夏天，积劳成疾的美国银行家贾尼尼离开了刀光剑影的纽约华尔街，回到风光旖旎的家乡意大利米兰休养。

身在意大利米兰，心在美国纽约。贾尼尼始终密切地关注着万里之遥的纽约华尔街的情况。

一天，贾尼尼突然被一条新闻惊呆了，这条刊登在头版头条的新闻是这样写的：贾尼尼的控股公司纽约意大利银行的股票暴跌50％，加州意大利银行的股票亦出现36％的跌幅。

贾尼尼大吃一惊，心急火燎地赶回加州的旧金山。在圣玛提欧的豪华住宅中，贾尼尼召开了紧急会议。他阴沉着脸火爆爆地大声质问憔悴不堪的儿子玛利欧："股价如此暴跌，一定有人在背后捣鬼，到底是谁？"在一旁的律师吉姆·巴西加赶忙替玛利欧回答道："股价暴跌是由摩根的纽约联邦储备银行引起的，他们认为意大利银行涉嫌垄断，逼我们卖掉银行51％的股份。"

原来，意大利银行收购旧金山自由银行之后，金融巨头摩根怀疑贾尼尼野心勃勃要控制全美国的银行业，因此招来了联邦储备银行的干预。面对这种情况，玛利欧主张卖出意大利银行的一部分资产，然后再买回公开上市的股票，从而使意大利银行由上市的公众持股公司变成不上市的内部持股公司脱离华尔街的股票市场。

其他的董事也都认为玛利欧所说的是目前唯一可行的办法，只有这样才能挽救意大利银行于倒悬。

但是，他们达成的一致意见却遭到贾尼尼的强烈反对，他认为这一

第21计 金蝉脱壳
挤出一条脱身之道

策略虽然有不无可取之处，但未免太消极。

大家都沉默了，用征询的目光看着贾尼尼，意思是说，你否决了我们的建议，难道你有什么更好的锦囊妙计吗？他们对贾尼尼善于出奇制胜的才能一点也不怀疑。然而，贾尼尼却说出一番使大家更吃惊的话："再过两年我就进入花甲之年了，而且身体也渐渐支持不住了，我要辞去意大利银行总裁的职务。"

此话一出，令在场的人都大为吃惊。大家都痛苦地低下了头。因为他们都明白，贾尼尼是说到做到的人，是绝不会反悔的。

玛利欧却迫不及待地劝说："爸爸，我们焦急地盼望您回国，不是想听您说这句话的，您呕心沥血一手建造起来的意大利银行，如今正处于生死攸关的紧急关头，我们需要您带我们一起渡过这个难关！"

贾尼尼放声大笑起来，他挥动着拳头说："我决不会让意大利银行倒下的！"大家的情绪立即激昂起来，他们心里明白，贾尼尼已经有了非常好的对策。他们都瞪大了眼睛盯着他。

贾尼尼接着说："不但如此，我还要设立一个比意大利银行大好几倍的控股公司！我之所以辞职，就是要以个人的身份去游说总统和财政部长，促使他们制定一条新的法令，使商业银行的全国分行网络合法化。"

玛利欧却泄气地说："等您说服他们颁布新法令，意大利银行早就完了！"贾尼尼瞪了他一眼，似乎是责备儿子怎么这么没志气："当然，我去游说一方面是争取合法化，另一方面也是一条缓兵之计。我们不仅不能让意大利银行倒下，而且还要设立比意大利银行大几倍的全国性的巨型控股公司，发展出一个以原始银行业务为支柱的民办最大的商业

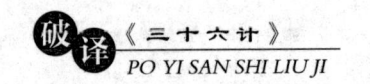

银行。"

贾尼尼这种高瞻远瞩的气魄，使大家都佩服得五体投地，对他的金蝉脱壳决策一致表示赞同。于是，玛利欧等人很快就到拉竿注册成立了一家新公司——泛美股份有限公司，该公司的最大股东就是意大利银行。但由于它的股票分散在大量的小股东手里，因而外人很难再怀疑它有垄断嫌疑。

他们再以这家公司的名义，把别人控制下正在暴跌的意大利银行的股票低价买进，这样一来，便挫败了摩根等人欲置意大利银行于死地的阴谋。意大利银行不仅没有垮下，而且越来越发展壮大。后来它甚至还吞并了美洲银行，并将各分行都全部改名为美国商业银行。贾尼尼担任美国商业银行这个全美第一大商业银行的总裁，成为改写美国金融历史的巨人之一。

存其形　波音冲出"死亡飞行"

美国西雅图一个名叫威廉·波音的人和他的朋友韦斯特·维尔特，创办了一家小规模的水上飞机工厂，取名叫"太平洋航空公司"，当时这家公司只有21名工人。公司在成立后的第二年，便制造出了第一架飞机，并将公司更名为"波音公司"。自此，数十年来，波音公司凭借其不断推出的新产品，牢牢地占领了世界飞机市场，成为全美最大的民航飞机制造公司。

波音公司主要生产民用和军用飞机、直升机、导弹、航天装备，并提供零件和维修服务等，同时还经营电脑事业。公司已由最初的几十人发展到现在拥有职工十几万人。几十年来，波音公司在世界航空航天业中一直居于领先地位。探究波音公司成功的秘密，可以得出，波音公司成就的取得最大法宝就是不断推出新产品，牢牢把握市场需求的新动向。

早在20世纪30年代，波音公司就率先推出民航机"飞剪号"，名震全球。在第二次世界大战中，为配合打败法西斯，又率先推出B17、B29等大型轰炸机。由于此两种飞机威力很大，故而人们把B17型称为"空中堡垒"，B29型称为"超级空中堡垒"，由于这批威力极强的飞机加盟，使盟军的力量大增，可谓大长盟军志气、灭法西斯威风，为战胜德、意、日作出了重大贡献。

但是，好景不长，"二战"结束后，美国军方取消了尚未交货的全部订单，使整个美国飞机制造业陷入瘫痪状态。波音公司尽管战时为军队的最终胜利提供了巨大的支援，但由于撤销了军方订货，一时间又没有发展其他品种，也不例外地陷入了"死亡飞行"之中。

一时间，各个飞机制造公司昔日的风采荡然无存，各个垂头丧气，不知该从何下手。

但威廉·波音并未被眼前的困难所吓倒，而是进行了深刻的反思。他认为，造成"死亡飞行"的原因虽然从外在形势上看是由于军方取消了军用飞机的订货，但作为公司来讲，也有不可推卸的责任：那就是过分依赖军方的订单，产品过于单一，没有及时考虑到有一天战争停止了，该向什么方向发展的问题。

亡羊补牢，犹未为晚。威廉·波音果断地调整了经营方向，并采取了相应措施。

一方面波音公司继续与军方保持密切联系，随时了解军用飞机发展的趋势，军方的需求，以便能及时满足军方需要。这样军方就不会介意，而其他飞机制造商也难以乘虚而入；另一方面，考虑到军方暂时不会有新的订货，完全可以抽出主要人力、财力，开发民用商业飞机。正所谓：存其形，完其势，"金蝉脱壳"之计的实际运用。

策略制定了，就要具体实施。为了保证措施的顺利实现，一方面，波音公司很注重吸收和培养人才，并给予他们充分的权力，把主要力量投入民用飞机的研制，从单一的生产军用飞机的旧壳中脱颖而出。

战后经济的复苏刺激了对民用飞机的需要，世界各地的飞机生产厂家争相采用新技术、快速推出新产品。在激烈的竞争中，1954年7月15日，波音公司的第一架，也是全美第一架喷气式客机飞上了蓝天。而在此时，其他公司的喷气式客机有的还在厂房里装配，有的还在风洞里试验，有的甚至还停留在图上作业阶段。他们都没有能像波音公司一样迅速地推出新型民用航空飞机。

因为美国航空总署颁发给波音公司的首架喷气式客机的检验合格证号是70700，恰好"7"这个数字被美国人认为是幸运的数字，因此，波音公司便把这架飞机定名为"波音707"，这同时也开辟了"波音7"系列客机的新纪元。一时间，"波音"几乎成了喷气式客机的同义语。

"波音707"一经问世，便引起全世界的关注，订单如同雪片般飞来。自此，波音公司走出了单一生产军用飞机的峡谷，冲出了"死亡飞行"。"金蝉脱壳"之计显示出了其诱人的威力。

在这之后，波音公司相继推出了727、737、747、757、767、777

型客机，同时替海军、陆军、海军陆战队设计制造了各式教练机、歼击机、侦察机、鱼雷机、巡逻轰炸机和远程重型轰炸机等。波音公司日益发展壮大起来，直至今日波音公司在航空工业领域依然是"执牛耳者"。

波音公司在面对困难时，施用"金蝉脱壳"之术，摆脱了困境，同时也给竞争对手造成一种假象，使其不疑但真正地却是通过集中人、财、物力，开发新产品，适应市场需求，最终获得了成功。

在企业遇到困难时，如果竞争激烈，则用"脱壳"之计，以假象示人，则较容易摆脱对手，同时使自己获得新生。这就是"金蝉脱壳"留给我们的启迪。

第 22 计

关门捉贼

堵住对手的退路

《三十六计》第二十二计"关门捉贼"曰:"小敌困之。剥,不利有攸往。"

其大意是:对弱小的敌人,要包围起来全部歼灭。零散的小股敌人,虽然势单力薄,但行动起来还是很灵活的,诡计多端,难以防范,因而不利于急追远赶。

用心良苦　适时关门

俄罗斯大文豪陀思妥耶夫斯基在他众多作品中有不少关于爱情的描写，可是当他自己遇到情感波澜的时候，他也曾束手无策。书记员安娜·格丽高列芙娜是一个美丽端庄的姑娘，四十多岁的陀思妥耶夫斯基渐渐爱上了她，但此时的作家不但一贫如洗、体弱多病，而且负债累累，如果冒失直截了当地说声："我爱您，安娜！"一旦遭到拒绝，自己窘迫不堪不说，还可能得罪安娜，从此失去一个得力助手，于是他苦心推敲了一个求婚的方式。

一天早上，陀思妥耶夫斯基等安娜从外面进来，对她说："昨晚我构思了一部恋爱小说，但结局部分我拿不准，想请你帮我出出主意。"安娜一听作家有新小说，当然很高兴，急忙让作家讲讲。陀思妥耶夫斯基盯着安娜讲了起来："主人公是一个男艺术家，四十五岁，背一身债……在生命的决定性阶段他遇到了一位像您一样的姑娘，也叫安娜……"作家越讲越像自己，"然而艺术家年老、负债，他不知是否能获得这年轻姑娘的爱……所以结尾部分还没有处理好，因为，我摸不透这个姑娘的心理，这要征求你的意见。"

安娜越听越明白作家的意图，她说："如果我是那位姑娘，我会接受艺术家求爱的。"

陀思妥耶夫斯基听了安娜的回答后激动万分，热切地说："如果……

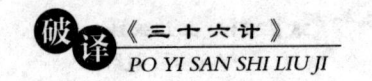

如果我是那位艺术家的话。"

陀斯妥斯夫斯基获得了钟爱的安娜·格里高列芙娜的爱情，从此，在事业上蒸蒸日上。

求爱，是一种神秘而浪漫的情感运动。曲折中见真情，巧妙中显智慧，多姿多彩的感情世界的序幕就这样拉开了。

这里作家用的正是"关门捉爱"之术，巧就巧在他适时关门，获得了安娜的爱情。

反弹琵琶 "三角经营"显威力

口俊夫刚开始经营"口药店"时，生意十分清淡，勉强维持生活。

穷极无聊，口便看书度日。这样的日子，直到他看到一本书为止。这本书叫《日本进攻大陆作战》。写的是日本在二战期间进攻中国作战的情况。

侵华日军在中国大陆上占领的仅是城市，城市之间靠兵力保护的交通线连接，广阔的农村仍控制在抗日军民手里。一旦这些交通线的某一点被包围突破，占领军的交通线就会被切断，从而使城市陷入腹背受敌的困境，极易攻破。

看着看着，堆甬口心中的灵感被激发出来：在经营中，对上述情况不是可以反而用之吗？

假设有三个不在一条直线上的小店，其地理位置处于一个三角形的三个顶点上，它们之间的连线就构成了一个三角形。

如果这三个小店是由同一领导统一经营的，互相保持密切的联系，形成连锁形式，那么其中任一个店某种药品缺货，只要一个电话打到附近的两个店，立刻就得到支援。任何一个小店都会让顾客感到药品的充足、无所不备。

药品是一种有统一质量标准的特殊商品，一旦需要，必有一种紧迫感，就尽可能就近购买，而不会考虑药店是否堂皇。

三角形内的消费者处于被包围状态，"无路可走"，肯定会在这三角形的连锁店系统中购买，这三个小店就会有较大的覆盖面，生意不好才是怪事呢！

从此以后，口热情待客，勤奋节俭，用一点储蓄买下了附近的两家小店铺，第一个三角形连锁店终于形成了。

很快，口的三角经商法发挥了令人吃惊的威力。除了原先预计的以外，他还发现，三角形的连锁店中以任何一个店做广告宣传，等于其他两个店也在做广告宣传。而且三个店可以联合一起进货，这样一次进货量多了，进货成本就可以降低了，从而价格竞争的能力也就增强了。加上货全，调货及时，服务态度好，药店的生意兴旺起来。

口并没因此满足，接着进一步发挥了他的三角经商法。以任何两个老店为基础，发展一个新店，使这三个店构成一个新的三角形连锁系统。

由于两个老店的支援，新店和老店一样富有实力。这样每建立一个新店，就可以扩大一个新的覆盖面，一个能有效控制的，竞争对手无法进入的覆盖面！

不久，口成立了口药品连锁商店，他把经营范围扩大到全国，连锁店一家又一家地出现在日本各地。1981年，口的连锁店发展到512家，

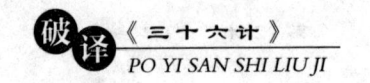

大有继续增加的势头。1987年，其销售额占全日本药品销售额的11%。

口的三角经营法，正是"关门捉贼"计在经营中的灵活运用。

古为今用，依然威力无穷。

相依相存　连锁经营创佳绩

海外零售业有一种颇有效益的经营方式：连锁经营商店，也体现了"关门捉贼"的要义。

处于同一地带的几间商店经营互相有关联的产品，比如你经营成衣，我经营领带、胸花、袜子、内衣等；或者你专营炒卖，他专营烟酒等，就叫连锁经营。

连锁经营的优点就是能"关门捉贼"，即能吸引顾客，使顾客在连锁商店控制的区域内，完成购买行为。

一间商店吸引不了顾客，许多商店乃至商业区才能吸引众多的顾客，这道理是明显的。谁都愿意到商场集中，能连环购买商品的地方去购物。

例如，顾客在一家成衣店买套西装，便可到隔壁的鞋帽店买一双皮鞋，最后再到附近的小店买领带、胸针等。当然，三间商店要热情地为顾客互相推荐生意。

连锁的几家店之间，虽有一些竞争，更多的是相依相存。因此，一旦某一家经营不善时，其他各家需要全力帮助其渡过危机。这样彼此照顾，互相合作，同舟共济，才能形成一个强有力的购物圈，"捉"住更多的顾客。

第23计

远交近攻

人缘关系越搞越活

《三十六计》第二十三计"远交近攻"曰:"形禁势格,利从近取,害以远隔,上火下泽。"

其大意是:受地理条件的限制,较为有利的谋略是先攻取就近的敌人,如果越过近敌去打远离自己的敌人将是有害的。火苗往上蹿,湖水往下淌,同是敌人,应采取不同对策。

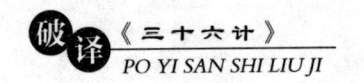

破译《三十六计》
PO YI SAN SHI LIU JI

把下属当作兄弟

如何与下属打交道？很多领导者高高在上，真正是在当官做老爷。但是只不过是眼睛只朝上，不看下。见了比自己官大的，一脸媚相，真正是摇尾乞怜，拍马溜须，跟前拥后，形同奴才。

但如果他对普通群众也是这样，倒也没有什么好说的。实际情况往往是这样的，越是喜欢媚上的人，他们对群众就越是苛刻，甚至于刻意捉弄。平时见了人脸上的横肉动都懒得一动。有人叫他一声"×局长"或"×县长"，至多也只是从鼻孔里哼一声。似乎他因为巴结讨好上司而得出了太多的经验，受了一些精神上的"损失"，就一定要从群众这边"补"回来，不但要补，而且还要加倍地补。这是极端错误的。无论你是哪一级的领导人，你处好人际关系的立足点应该是为地方或部门办实事、谋利益，而不是拉帮结派。你必须具备为"公"的宽广胸怀，然后再是如何"处关系"。"生当殒首，死当结草"，"女为悦己者容，士为知己者死"，无一不是"感情效应"的结果。作为领导者，应深知其中的奥妙，不失时机地进行感情投资。

有许多身居高位的大人物，会记得一些小职员或只打过一两次交道的下属的名字。在电梯或门口碰到时，能从容叫出他（她）的名字，这样下属就会受宠若惊。

人非草木，孰能无情。中国人就爱讲人情味，讲"将心比心"，你要想别人怎样对待你自己，你自己就得怎样来对待别人。用一句时髦的话来讲，这就叫"换位思考"，设身处地想想别人。

古人有言："己所不欲，勿施于人"。这句话也可以从另一面来看：己之所欲，亦人之所欲。只有先付出爱和真情，才会得到一呼百应的效果。

我们常说，尊重别人，就是尊重自己；我为人人，人人为我。

日本著名的企业家松下幸之助就是一个注重感情投资的人。他曾说过："最失败的领导，就是那种员工一看到你，就像鱼一样逃开的领导。"

在创业早期，松下每次看见辛勤工作的员工，都要亲自上前给他沏上一杯茶，并充满感情地对他说："太感谢你了，你太辛苦了，请喝杯茶水吧！"正因为在这些小事方面，松下幸之助都不忘记表达对下级的感激和关怀，因而他获得了员工们一致的拥戴，他们都心甘情愿地为他效力，设身处地为他着想。

不管怎样说，在如今的现实生活中，有时轻轻地对你的同事或下属叫一声"兄弟"，可以轻而易举地解决你长期以来都感到棘手的问题。

譬如你指使几个职工中的一个去干某件他分外的事情，大家都有理由让别人去干，而不应该由自己来干。但如果你说一声："兄弟，请帮个忙吧！"问题就有可能迎刃而解，而且决不带有被迫的意味。

虽然，你叫他兄弟的人不是你真正的、带有血缘关系的兄弟，但它却传达出人类与生俱来的，或许是潜意识里面的血缘认同感。那是一种饱经沧桑、历经苦难之后的一种共鸣，是对"根"和血统的一种珍视和共鸣，或者说是对"人性"——人相对于其他物种特性的一种呼唤。

关于如何使领导干部提高自己的威信的话题，由于篇幅有限，就

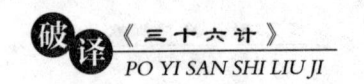

到此为止。当然，以上只是荦荦大端，并非全部，仅以此作抛砖引玉之"砖"而已！

雀巢的人才当地化

在用人上扬长避短不仅是个用人方法，也是商战制胜的需要。瑞士雀巢食品公司是瑞士食品工业最大的垄断组织，也是一家颇具声望的跨国公司。这家公司1866年成立以来，经过上百年的经营发展，已扩展到300多家工厂和700多家销售机构，分布瑞士国内及世界十几个国家和地区，年销售额已过百亿美元。

瑞士雀巢食品公司的成功在很大程度上就是注意了用人时扬长避短。他们在拓宽海外业务时，考虑到本公司现有员工没有异地工作的长处，而公司所在地的人却有了解异国风情、关系熟悉等长处可用，便采取一律在公司所在地启用培养当地人员的用人策略，使它在国外的几百家加工厂和几百家销售机构的董事、经理及各部门负责人逐步由当地人担任，逐步实现了海外机构用人当地化。

由于雀巢食品公司实行用人当地化，发挥利用了当地人熟悉当地政策、风土人情及顾客消费习惯等能力特长，销售业务得到拓宽，公司的管理得到加强，取得令人满意的效果。如雀巢食品公司的科特迪瓦分公司1974年营业额为2500万美元，净利不足20万美元，1976年改换当地人任各级领导后，营业额猛增到3500万美元，净利达到120万美元。

第 24 计

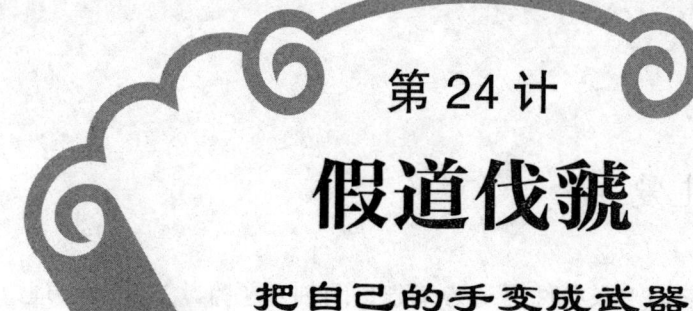

假道伐虢

把自己的手变成武器

《三十六计》第二十四计"假道伐虢"曰:"两大之间,敌胁以从,我假以势。因,有言不信。"

其大意是:处在两大敌对强国中间的国家,当敌方以武力胁迫它屈从时,我方必须凭借强势,立即派兵前去援救。对于处在这样困境中的国家,只做空口允诺,却无实际行动,那是不会取信于对方的。

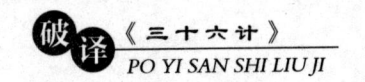

让下属由厌生爱

美国心理学家华曾以条件反射为基础,而创立了行为主义的心理学派,他曾经大发豪语:"只要给我一打小孩,我就能按照大家的愿望,把他们塑造成军人、教师和商人。"他的话未免太傲慢了,不过他的方法也有可取之处,至少他能造成惧怕老鼠的猫,也能使一向讨厌狗的小孩,转而喜欢狗。他先把一个玲珑可爱的毛皮状物,递给一向讨厌狗的孩子玩,待他玩腻之后,也就是先在心理上适应了以后,再使他接触类似小毛皮状物的小狗,不久,再一面让他接触大狗,由一位大人从旁褒奖和鼓励,那么,这个孩子就会慢慢地不畏惧任何的狗了。

在我们的日常生活里,一个人如果怕狗,也自然会怕小狗,甚至对那些类似狗的动物,他看了都觉得不舒服,因而,对于毛皮状的东西也表示反感。如要改变这种心理或习惯,首先就得让他多接触那些与讨厌之物相关联而不会产生厌恶感的东西。例如有的下属不喜欢数学的计算问题,接着他也会讨厌应用问题,甚至一看到有数字的物理、化学或统计等科目,他就头疼或畏惧。老实说,这一类的学生实在太多了。这时候,领导就应该让他先去接触统计,因为他对于这个阶段的反感不太强烈,每让他读一遍,就得给予适当的鼓励,只要他自己能慢慢地适应,克服比较简单的苦恼意识,接着再让他从理化类的数字问题倒推回去,逐步向后推展,那么,他就可能不再厌恶计算问题了。管理者在对待有恐惧感的下属时常可使用这一方法。它的妙处跟登山训练相似，先从斜度不大的坡面开始爬登，再慢慢地爬到山顶上去。这样下属往往能够出色地完成上级交给的任务。

　　除此之外，在公司内部形成一个较为良好的工作环境，也是改善下属对工作存在恐惧态度的方法。例如有一次，当我拜访一家房地产公司的时候，我竟看到一件意外的情形，有一位年轻人站在自己的上司面前，先报上自己的姓名，当他接受主管的工作指示之后，又得一字不漏地复述一遍，这岂不是古代的军队作风吗？尤其令我觉得惊讶的是，这个年轻人竟是一位过去特别捣蛋的人，我知道这个家伙在学生时代，一向就行为放荡，不修边幅，而且讨厌规则与因袭性的作用。经我仔细打听，始知这是公司的作风，他们规定每位职员都必须遵守。

　　这时候，因为我对这位年轻人的底细很清楚，所以我觉得很意外。老实说，人类的确有这样的一面，那就是处在"身不由己"的环境里，常常会不顾自己的好恶，而顺应环境的需要采取行动。例如我们住在窗明几净的房间里，一定会随时注意到清洁，相反地，如处在脏乱的房间里，便会疏忽了自己的清洁习惯，而把环境搞得更脏乱。例如在车上看到大家都让座位给老弱妇孺，那么，你也不得不跟着让座位，如果利用这种心理来处理某些行动，也能收到相当的效果。讨厌的事情也会变得喜欢起来。如果某人讨厌读书，那么，与其置身于原来的环境中，强迫自己去读书，倒不如投身于另一个非读书不可的环境中，更来得有效。例如走进图书馆里，眼看大家都在埋头苦读，自己也不得不跟着读书，这时读，读书的痛苦也跟着减轻了。

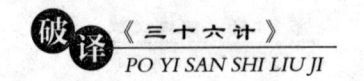

假道伐虢　各得其妙

梁朝的张率，刻苦好学，十六岁时就写有两千余首诗。虞讷见到，说他写的诗很差。张率气得焚毁旧作，又重写几首给虞讷看，假说是著名文学家沈约写的。虞讷读后，啧啧称赞。张率莞尔笑道："其实，这几首诗都是我写的呀。"从此，虞讷不敢小看张率了。

东汉永平年间，廉范被陇西太守邓融任为功曹。后来邓融被州里检举查办。廉范知道这事复杂，难以解决，打算用变通的办法来报答邓融。于是假称有病，请求离职。邓融不知其意，痛恨廉范忘恩负义。

廉范到了洛阳，改名换姓，请求代理廷尉监狱里狱卒的工作。不久，邓融果然解送到洛阳，关押在廷尉监狱里。这样，廉范得以守护在他身边，尽心地照顾他。

邓融奇怪他的相貌很像廉范，但绝没想到他就是廉范，于是对他说："你怎么那么像我过去的功曹？"廉范呵斥他说："你大概是处在困境中，因而两眼昏花，神经错乱了吧？"以后，邓融被释放出狱，贫病交加，廉范一直跟随在他身边照顾。邓融去世后，廉范送丧到南阳，后事全办完方才离去，最终也没说出自己的姓名。

以诚相待　松下笼络代理商

全日本家用电器销售店约有 5 万家，其中约有 3 万家是属于"松下"系统的，在世界各地，"松下"的代理店更是不计其数。

看来，代理商都极愿意与松下进行业务往来。这难道仅是因为松下的产品价廉质优，能赢得顾客吗？还有什么别的原因呢？

那还是松下的电冰箱出口之初。

一次，一批松下产的冰箱运抵香港，香港代理店收到货后，发现这批货的包装破得乱七八糟。破烂的包装既有损商品在顾客眼里的形象，又不方便顾客提货和运输，投不投放市场都将给代理店带来严重的后果。

代理商急成了热锅上的蚂蚁。他派代表火速飞往松下总部所在地大阪，要约见松下的负责人。

松下公司对此十分重视，几位最高领导人同时会见了这位代表。听完了他的陈述后，当即承认那批货包装不良，表示承担由此造成的一切责任。代表这才松了一口大气。

后来，这个香港的代理商成了松下最忠实的代理商之一。

代理商们曾这样评论松下：表面看来，与其之间是一种商业联系，但归根结底，人与人之间的联系才是最基本的。松下让人感到人与人之间的温暖，这在其他公司是难得的；代理店提出要求，如质量或价格方面的意见，松下能知错就改；松下对代理店，真正做到了态度和蔼、感情亲切。

这些评论的言下之意就是：既然松下这样支持我们，我们代理店能不全力以赴吗？

松下这样对待它的代理店是因为它明白，代理店是处于各大公司之间的弱小者，也是顾客与自己之间的弱小者，如果不支持他们，并且言而有信，他们就会倒向自己的竞争对手，或者自己失去顾客。

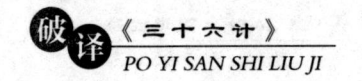

其实，代理商的职业决定了他们比企业主更了解市场行情，精明的生意人都喜欢同代理商和睦相处，甚至同他们交朋友。

从他们口中，可以得到自己想知道的市场情报，例如各类商品的价格、某种产品的销路、市场竞争的形势以及其他状况。毕竟不管自己对此研究多么精深，只有代理商才能深入了解到竞争对手内部的经营和管理状态。

与代理商以诚相待，以信相交，并支持他们，他们就会努力为自己卖力，就等于扩大了自己的势力，这正是"假道伐虢"精义之所在。

第25计

偷梁换柱

善于让自己强大起来

《三十六计》第二十五计"偷梁换柱"曰:"频更其阵,抽其劲旅,待其自败,而后乘之。曳其轮也。"

其大意是:引诱对手频频改变阵容与调动主力,在对手趋向失败的时候乘机制服他。好像控制了车轮也就控制了行进方向。

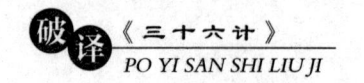

"偷梁换柱"的古今妙用

"偷梁换柱"在其他方面运用的事例,古今都不少见。例如,齐国孟尝君遭秦软禁,为脱樊笼,先由一门客偷出已献给秦王之狐白裘,用以贿赂秦王宠爱的燕姬,在其甜言蜜语下秦王同意将孟尝君放回齐国。孟尝君得到过关文书,急忙奔赴函谷关。为防秦王派人追赶和守关人的刁难,他除隐姓换名改扮商人外,还让一个有造假和挖补技能的门客,巧妙地在过关文书上"做了手脚",才神不知鬼不觉地免去了函谷关的麻烦。但到关时正值午夜,而大门要鸡叫时才开。孟尝君怕秦兵追来,十分焦急,多亏他的另一门客会学公鸡叫,他一"叫",群鸡皆鸣。于是关吏验证、开关,孟尝君一行便星驰而去。待秦王醒悟派兵追来,为时已晚,孟尝君等已经杳如黄鹤。这过关的一系列办法,就是用的"偷梁换柱"之计。

1987年以来,英国不断地出现毒品走私案件,引起了警方的注意。警方根据犯人的交代重点在海关港口侦察。

9月22日,一艘哥伦比亚籍"塔加莫"号集装箱船,刚抵达英国南安普敦港。海关警员仔细地检查,发现一个集装箱上一把锁有被撬过的痕迹。为了不"打草惊蛇",他们设法调走了船上的人,然后用气割枪切开了集装箱顶。令人大吃一惊的是,里面竟装着二百六十三袋可卡因,重二百五十多公斤,价值九千万美元。

警方为抓获所有毒犯，不动声色地用同等重量的白粉末替代塑料袋中的可卡因。通过国际刑警组织，了解到"塔加莫"号将要驶向法国、联邦德国、荷兰鹿特丹港。船上的毒犯先是在港口观察，认为"一切正常"。于是同接货的毒品集团联系。毒犯为了更加安全起见，精心设计了接货的行动方案。认为万无一失。此时，国际刑警组织及英、荷警方早把毒犯的联络行踪摸清楚。11月10日，当八名毒犯开始搬运集装箱时，警察突然出现，所有毒犯还没来得及拿出武器就被擒获。

将计就计　火柴厂巧卖火柴

随着经济的发展，市场逐步开放，物价也逐步上涨。20世纪80年代中期，银川火柴厂迫于激烈的竞争形势和成本的提高，不得不将火柴每盒提价1分钱，从以前的2分钱一盒调到3分钱一盒。虽然提价只有1分钱，但消费者却非常敏感。因为火柴是日常生活必需消费品，更何况2分钱一盒的价格已经执行了几十年，谁也不愿出现变化。正在群众意见纷纷时，其他火柴厂又推向市场一种小盒装2分钱一盒的火柴。虽然容量少些，但价格未变，消费者宁肯买2分钱的小盒装，也不愿买3分钱的大盒装。在这次提价中，银川火柴厂只得自认失败。

又过了几年，随着木材等市场价格的上涨，火柴成本也上涨了，3分钱一盒已经难以保本，银川火柴厂又不得不对火柴提价。但鉴于上一次竞争的失败，这次银川火柴厂总结了教训，想出了一个巧妙的办法。厂子同时推出四种规格、四种价格的火柴：第一种小盒装的，仍然沿

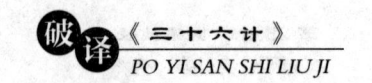

用 3 分钱的价格；第二种中盒装的，价格稍高，5 分钱一盒；第三种大盒精装的，8 分钱；还有一种是超大盒精装，1 角 5 分钱。这次的提价，比上一次提价幅度高了许多，但相反，消费者并未有太大反应，市场稳定，销售额也增加了。银川火柴厂巧用"偷梁换柱"，以多种规格、多种价格替代原来的单一规格、单一价格，不但暗中提高了价格，而且还稳定了消费者情绪，扩大了市场范围，增加了经济效益。

制胜之本　人才之战寓商战

当今商战，要取得胜利，最根本的条件是：要能制造比对方更物美价廉的商品。这需要有高水平的科学技术，而高水平的科学技术是人的智慧的结晶，因此，开发、吸收和利用人才显得极其重要。

美国能长期富甲天下，除了它的优越的自然条件外，主要是因它的科学技术在世界居领先地位，而这又有赖于拥有大批一流人才。美国除了自己培养人才外，还善于容纳、引进和罗致天下人才为己用。其吸引人才之法有二：一是给予高薪，二是为之提供良好的研究条件。

美国是最舍得在科研上花钱的国家。据统计，它的科研经费要多于主要西方发达国家之总和，并在逐年增加。

为了引进国外人才，美国还两次修改了移民法，对于有成就的科学家，不考虑国籍、资历和年龄，一律允许优先进入美国。因此，各国人才多乐于奔集美国。

目前，在美国教育系统和科技系统，尤其是高科技领域，外国科学家和工程师占的比例相当大。

美国国家科学基金会1985年的调查结果表明，美国50％以上的高技术部门的公司大量聘用外裔科技人才，占这些公司科技人员总数的90％。

在美国著名的"硅谷"工作的科技人员有33％以上是外国人。在美国从事高级科研工作的工程学博士后研究生中，外国人占66％。美国33％的名牌大学的系主任是华裔学者。在美国星球大战计划中扮演重要角色的也是外国科技人员。

据统计，自1952年至1975年，由于美国大量引进人才，为美国节省培养人才经费至少有150亿美元至200亿美元。更重要的是他们对美国经济发展起了重要的作用。在30年代，仅欧洲各国到美国定居的科学家作出的贡献，相当于为美国增产300亿美元。

正因为美国能集中天下人才为之从事科学研究，美国的科技才能走在世界的最前列。第二次世界大战后，美国引进科技人才最多，因而取得的科技成果也最多，占世界科技成果总数的60％至80％，获得颁发的诺贝尔奖奖金总数的一半。

科技高度发展促进了经济的繁荣，美国才成为世界上最富裕的国家。

人才是商战的制胜之本。

高明的企业家，既要千方百计地"偷"、"换"对方阵营里的"梁"、"柱"，又要防止自己的"梁"、"柱"被别人"偷"、"换"。

第26计

指桑骂槐

让人一时醒不过神来

《三十六计》第二十六计"指桑骂槐"曰:"大凌小者,警以诱之。刚中而应,行险而顺。"

其大意是:强大的要想慑服弱小的,可以用敬戒的方式去诱迫他。适当的强硬态度,可以得到对方的拥护;实施果断措施,可以获得对方敬服。

第 26 计　指桑骂槐

让人一时醒不过神来

借题发挥　敲山震虎

有一次，俄罗斯著名马戏丑角演员杜罗夫在观摩演出的幕间休息时，一个傲慢的观众走到他面前，讥讽地问道："丑角先生，是不是必须生来有一张愚蠢而丑怪的脸，才会受到观众的欢迎呢？""确实如此！"杜罗夫借题发挥道："如果我能生就一张像先生您这样儿的脸的话，我一定会拿双薪。"这个观众自讨没趣，灰溜溜地走了。

这借题发挥之意，使这位观众的脸加倍愚蠢、加倍丑陋。丑角之所以受欢迎，应该是表演艺术的成功。

"指桑骂槐"趣闻两则

北齐高潜任并州（今山西省太原市西南）刺史，有一妇女脱下新靴，在汾水边洗衣服。一骑马的人路过，乘她没注意，脱下自己的旧靴，换穿其新靴而去。因此妇女持旧靴往州里报案。

高潜自幼聪明过人，将城外各家的老太太请来，把旧靴拿给她们看，骗她们说："有一骑马的人半路被强盗抢劫杀害，只留下这双靴子。你们知道这人有亲属吗？"有一老太太听后捶着胸号啕大哭，边哭边说道："我儿子昨天就是穿着这双靴子去他妻子家的啊！"高潜就派人去把此

135

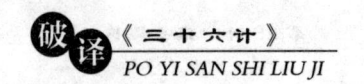

人抓获。

西汉时，汉武帝乳娘侯母家里的人横行不法，武帝知道后，不忍将其法办，决定让她全家迁到边疆居住。

乳娘不愿离开京都，却又不敢违抗皇帝的旨意。无可奈何之下，想起汉武帝宠信的郭舍人，便去求其帮助。侯母将事情的原委诉说后，郭舍人安慰她说："当你向皇帝辞行的时候，只回头看皇上两下，我就有办法了。"

这天，乳娘叩别武帝，满眼泪水，频频向武帝回顾。郭舍人乘机大声呵斥她说："老婆子，还不快走！皇上现在已经长大成人了，难道还用得着你喂奶吗？还老回头看什么呢？"

汉武帝一听此话，感到十分难过，想起自己是吃她奶水长大的，她又没犯什么大错，就立刻收回成命，留下乳娘一家子，不再迁往边疆了。

旁敲侧击　面包大王商场得意

从厨房里闯出来的美国面包大王凯瑟琳·克拉克，标榜她自己的面包是"最新鲜的食品"，为了取信于消费者，她在包装上特别注明了烘制日期，保证绝不卖存放超过了3天的面包。

起初，这规定给她带来巨大的麻烦。因为一种新产品上市，销路不可能马上好起来。存货一多，要严格执行"不超过3天"的规定就相当困难了。尤其是各经销店大都怕麻烦，虽然过期面包由凯瑟琳回收，但他们不愿天天检查，换来调去，而宁愿把过期的面包留在店里卖。

第26计　指桑骂槐
让人一时醒不过神来

　　许多人还抱怨凯瑟琳未免太认真，一个面包放3天也坏不了，为什么非要3天换一次不可？

　　凯瑟琳认为，吃的东西，新鲜度是顶重要的条件。只要在消费者心目中树立起良好信誉，自己的面包就是不同于别人的面包，就成功了一半。

　　针对经销商方面的问题，凯瑟琳实行了一套新办法。由公司派人把烘好的面包用车直接送给经销商，按地区排了一个循环表，每3天送一次，同时把经销店没卖完的面包收回。如果有的店不到三天就把存货卖完了，可以随时用电话通知，马上就送货上门。

　　这样的方法，麻烦了自己，方便了经销商，但却使自己的原则"超过三天不卖"得以坚持实行，保证了上市面包新鲜，并以此严格要求自己的职工，命运终于赐给她一次戏剧性的宣传机会。

　　一年秋天，一场大洪水导致了面包的紧缺。凯瑟琳公司的外勤人员由于没有接到特别的指示，照常按循环表出外到各经销店送刚烘制出来的新鲜面包和回收超过期限的面包。

　　一天，运货员乘车从几家偏僻商店回收了一批过期面包。返程途中，停在人口稠密区的一家经销店前，立刻被一群抢购面包者包围住了，提出要购买车上的面包。

　　运货员解释面包是过期的，不能卖给大家，反而被误解为想囤积居奇，人越围越多，几个记者也加入其中。

　　运货员被逼得无奈，只得解释道："各位先生、女士，请相信我，我绝不是想囤货投机而不肯卖，实在是我们规定得太严了。车上的面包全是过期的，如果老板知道我把过了期的面包卖给顾客，我就会被开除。

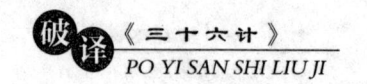

因此请你们原谅。"

由于大家迫切需要面包，这车面包最后还是在双方的"默契"下，很快被"强买"一空。

几位新闻记者将获得的这一独家新闻，着力渲染，登在报上，成了轰动一时的新闻。凯瑟琳公司的面包新鲜，诚实无欺，给消费者留下无比深刻的印象。

在上述的面包风波里，宏观地看，凯瑟琳指责运货员违反规定，卖过期面包给顾客（这些从运货员的顾虑中体现），实际是"骂"其他面包商的面包不新鲜。这就是巧使"指桑骂槐"妙计，树立起自己面包最新鲜的良好形象。对经常上当受骗的消费者来说，自然具有巨大的吸引力。

正因为这一点，凯瑟琳只用了短短十几年工夫，就把一个家庭式的小面包店完全变为现代化大企业，每年的营业额从2万多美元猛增到100万美元，跻身于世界经济强人之林。

第27计

假痴不癫

装得越真越好

《三十六计》第二十七计"假痴不癫"曰："宁伪作不知不为，不伪作假知妄为。静不露机，云雷屯也。"

其大意是：情愿装作糊涂而无所作为，也不自作聪明而轻举妄动。这是为了沉稳地保住机密，不露声色地筹划计谋，就像冬天的雷电蓄而不发一样。

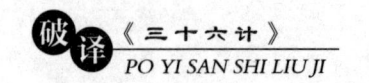

退一步天地宽　让一招更有余地

郑板桥有一名言:"难得糊涂"。糊涂反而难得,似乎不可理解。其实,要做到糊涂还不容易呢,不仅要有一定的修养,还要有一定的雅量。对于下属中发生的小是非小问题,做领导的也同样不要认真,糊糊涂涂让它过去就行了。

天底下的事情是复杂的,有的问题似乎需要认真处理,但实践的结果是,还不如不处理得好。举个简单明了的例子:你的下属中的小两口吵架了,本单位的规章中有一条"要家庭和睦",按照规章中的这一条确实需要认真处理。但此事传到领导者的耳朵里时,已是前一天的事了,"两口子吵架不记仇",他们现在已经重归于好,和睦如初了。这样的事情如果机械地认真处理,不是重新挑起矛盾吗?当然是不处理得好。对于这类问题,郑板桥说:"退一步天地宽,让一招前途广。"

从领导者与下属的关系和提高办事效率来说,小事糊涂至少有如下三个方面的好处:

一、可以减少不必要的烦恼。一个单位,少则十来人、几十人,多则几百人、几千人、几万人,不可避免地要发生许多不顺意、不合情理的事情。对这些问题,单位领导者如果都认真去处理,是怎么也处理不好的。而且,有些问题,处理后又出现新的问题,怎么也处理不完。本来,这些问题无关大局,你不去处理,有的就自然消失了,有的由于社会舆论的压力被制止了。你若不去插手，你就可以减少许多烦恼，又不影响你所管辖的工作，何乐而不为呢？

二、有利于运筹全局的大事。有不少这样的领导者，整天价忙于处理各种鸡毛蒜皮的小事。处理这些问题，费时费力，但对全局的工作并没有多大的好处。一个人的精力和时间都是有限的，忙于处理这类问题也就没有多少精力和时间去运筹全局的大事了。这叫做"捡了芝麻，丢了西瓜"。有时甚至费力不讨好，连芝麻也没捡着。那些有经验的领导者，他的办法就是"大事抓透抓紧，小事不闻不问"。

三、有利于搞好与下属之间的关系。细观某些领导者与下属处理不好关系的原因，主要是因为领导者处理一些小是小非的问题有错或者不够全面发生的。如果干脆不去处理，不就不存在这个问题了吗？某些问题发生后，下属可能很怕他的领导者追究，存在着紧张心理。当然，属于非追究不可的，应当认真追究，以挽回或者减少损失。能带得过的就要带过，下属就会觉得你是一个能理解和容忍下属有缺点、错误的领导者，你就会受到他们的感激与尊重。

装不知假不懂

说"糊涂"难得，除了要有一定的修养和雅量以外，还要有一定的技巧和艺术。不然，"糊涂"得不好，也会生发出事来，使人不快。

本来，领导者的头脑并不糊涂，但要表现出糊涂，这就得装糊涂。要使糊涂装得好，装得像，不弄巧成拙，可以采用以下两种装法：

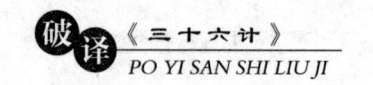

一是装不知。有不少的领导者,对于下属的一些小是小非的问题最感兴趣,最爱打听,也最爱处理。他们不知道,下属在领导者面前,普遍存在着一种压抑感和被动感。他们的缺点错误,他们身上发生不光彩的事情,最怕领导者知道。他们的一些问题被领导知道了,本来是小事,但他们不知道领导者作不作小事看,上不上纲,老担心着。所以,对那些鸡毛蒜皮的小事,要运用一个"懒"字,懒得去听,懒得去看,就是请你也不要去看,不去听,就能耳不听,心不烦。如果听见了就装作耳聋,没听见;看见了,就装眼瞎,没看见。而且在思想上要真正当作一点不知道那样泰然处之,在嘴巴上真正当作一点不知道那样从不谈及。有个工厂的一位省劳动模范与本单位一个关系很好的同事,在私人交往中有2000元人民币的往来,发生了麻烦事,省劳模说是亲手交他的,同事说根本没有这回事。两人都说了些不好听的话,这事恰恰被厂长助理知道了。厂长助理知道了,不等于厂长知道了吗?要是厂长公开出面来处理,多难为情,两人都很紧张。那位省劳模很爱面子,生怕张扬出去有失自己的身份;那位同事也很爱面子,张扬出去,肯定大家都会相信省劳模而不相信自己。的确,厂长助理很快就汇报了,并认为要认真处理,若是省劳模的问题,应该教育他,这是对他的爱护;若是那位同事的问题,更要教育,不能往省劳模脸上抹黑。但厂长认为,这不是什么了不起的问题,不需要厂长出面处理,况且情况还不清楚,不好去教育谁。因此,他装作根本不知道有这回事。与这两人会面、布置工作时都从不提及这件事,同过去一样表示信任。后来,这件事两人慢慢弄清楚了,原来是一场误会:省劳模并没有把钱亲手交给那位同事,而是交给同事的儿子,他记错了;那位同事已收到儿子转交的2000元钱,但他错听为是另一个朋友还来的钱。厂长要是急于处理这件事，肯定会要生出许多麻烦来。

　　二是装不懂。对于那些因风俗习惯引起的一些问题，或者妇女们、青年们、老年们之间发生的一些无伤大雅、无关大局的问题，领导者最好不去过问，知道了也应装着不知道。如果下属已经发现你知道了，不能采用"装不知"的办法了，则可以采取"装不懂"的办法来应付，摇摇手，说声："这个我不懂。"并不再追问。装不知，运用的是一个"懒"字，装不懂，则要运用一个"傻"字。七十二行，行行有"行话"，许多人中间互相有"暗话"，某些"行话"、"暗话"，下属最忌领导者知道，因为这些是用来互相取笑，互相俏骂的。对于这样的"行话"、"暗话"，就是你听到了，又知道了其中的意思，也要装不懂，即使自己被骂上两句也要装傻，甚至还傻笑几声。这样彼此间会出现一种热闹而有趣的气氛。如果认真去分析，严肃去教育，倒会使大家索然，一点好处也没有。在这类问题上，装聋卖傻，并不失声望。宋代有个名相名叫吕端，此人大事精明，小事糊涂。这不但不影响他的声望，还因此美名传千古。

第28计

上屋抽梯

盘算布阵的方法

《三十六计》第二十八计"上屋抽梯"曰:"假之以便,唆之使前,断其援应,陷之死地。遇毒,位不当也。"

其大意是:故意给对手以方便,暴露破绽,用小利引诱他深入我方,然后切断他的前应和后援,使他陷入我预先设置的埋伏圈。这就是《易经·噬嗑》卦里说的,咬坚硬的腊肉而伤了牙齿,敌人为贪求不应得的利益,必招致后患。

吊下属的胃口

领导人如何用"上屋抽梯"的方法激发员工为目标而工作呢？这就要求规划远景的同时，有必要让人看到达到远景的过程。

团体中的领导者，必须能确实掌握大家的期待，并且把期待变成一个具体的目标。

大多数的人并不清楚自己的期待是什么。在这种情况之下，能够清楚地把大家的期待具体地表现出来，就是对团体最具有影响力的人。

在企业的组织之中，只是把同伴所追求的事予以具体化并不够，还必须充分了解组织的立场，确实地掌握客观情势的需求并予以具体化。综合以上两项具体意识，清楚地表示组织必须达成的目标，这样才能在团体之中取得领导权。

在进攻意大利之前，拿破仑还不忘鼓舞全军的士气："我将带领大家到世界上最肥美的平原去，那儿有名誉、光荣、富贵在等着大家。"

拿破仑很正确地抓住士兵们的期待，并将之具体地展现在他们的面前，以美丽的梦想来鼓舞他们。

如果是以强权或权威来压制一个人，这个人做起事来就失去了真正的动机。抓住人的期待并予以具体化，为了要实现这个具体化的期待而努力，这就是赋予动机。

具体化期待能够赋予动机的理由，就在于它是能够实现的目标。例

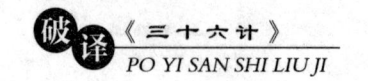

如，盖房子的时候，如果没有建筑师的具体规划就无法完成。建筑师把自己的想法具体地表现在蓝图上，再依照蓝图完成建筑。

同样的道理，组织行动时也必须要有行动的蓝图，也就是精密的具体理想或目标。如果这个具体的理想或目标规划得生动鲜明而详细，部下就会毫无疑惑地追随。如果领导者不能为部下规划出具体的理想或目标，部下就会因迷惑而自乱阵脚，丧失斗志。

善于带领团体的人，能够将大家所期待的未来远景，着上鲜丽的色彩。这远景经过他的润饰后，就不再是件微不足道的小事，而变成了一个远大的理想和目标。

或许你会认为理想愈远大就愈不容易实现，也愈不容易吸引大家付诸行动，其实不然。理想、目标愈微不足道，就越不能吸引众人的高昂斗志。

这一方面，领导者如何带领下属就很重要。没有魅力的领导者，因为唯恐不能实现，所以不能展示出令部下心动的远景。下属跟着这样的领导者，必然不会抱有梦想，工作场所也像片沙漠，大家都没有高昂的斗志，就算是微不足道的理想也无法实现。

当然，即使是伟大的远景，如果没有清楚地规划出实现过程，亦无法使大家产生信心。因此，规划远景的同时，还必须规划出达成远景的过程。

规划为达成目标必经的过程，指的就是从现在到达成目标所采取的方法、手段及必经之路。

目标的达成是最后的结果，由于要达到最后的结果并不容易，所以要设定为达成最后结果的前置目标（以此为第一次要目标）。要达成第二次要目标也不容易，所以要设定达成第二次要目标的前置目标（第三次要目标）。要达成第三次要目标也不容易……就这样一步一步地设定次要目标，连接到现在。

为达成最后的结果就必须从最下位的目标开始，一步一步地向前位目标迈进，依次完成每个目标。

成为属下的核动力

华尔·马特公司拥有 2.6 万多名职工，是美国居前五位的大零售商之一。在 20 世纪 70 年代，该公司的销售额从 4500 万美元增长到 16 亿美元，零售店由 18 家扩展到 330 家。在该公司，人称"萨姆先生"的萨姆·华尔顿是这一成功的原动力。华尔顿的办法说起来很简单，不外乎就是关心他的职工。实际上，在他的坚持下，几乎所有的管理人员，人人都戴着一个圆形小徽章，上书"我们关心自己的职工"字样。

华尔顿是从 L. C.·彭尼公司那儿学来这套关心人的办法的。就像在彭尼公司那样，他的人马一律称为"伙伴"而不叫职工。而且他还倾听职工们的意见。他说："关键是要下到商店去，听听伙伴们说些啥，要使每个人都参加进来，这点是至关重要的。我们最好的主意都是从职员和仓库小工们那儿来的。"有关华尔顿的故事已经成了传奇。据《华尔街日报》说："华尔顿先生有回夜不能寐，从床上翻身而起，到一家日夜面包房去买了四打炸面包圈。晚上两点半，他把这些面包送到一个分发货站去，跟装运码头的工人们聊了一会儿天。结果他发现那地方还

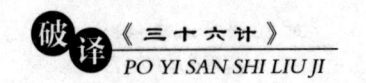

需要增设两个淋浴间。"这故事本身并不足为奇,任何一位企业界的小人物都能做出一连串类似的事。使人听了瞠目结舌的是,在这么一家销售额达20亿美元的企业里的一位最高领导,居然能对他的职工有着这样刻骨铭心的深切关怀。

基层职工最重要,这点在他的每项活动中都反映出来了。高级经理的办公室实际上总是空着的,总部就像一座仓库,原因是华尔顿手下的经理们的大部分时间,总是在该公司的11个州的服务区现场里度过的。他们在那些地方都干些什么呢?"在一家新店面开张典礼上当啦啦队欢呼,打探竞争对手的商店的动态,召集职工们进行推心置腹的谈话。"华尔顿本人每年必定莅临每家商店,从1962年以来坚持不懈,几十年如一日。

在华尔·马特公司,人人都觉得自己像是一位胜利者。每星期六早上七点半,管理例会准时开始,当月的进货员会收到一枚奖章。每星期都有商店上"光荣榜"。每回总部突然派来一个维修小分队来帮这些商店装修门面时,都能证明那里工作干得挺好。萨姆先生总要站起来大喝一声:"谁是第一呢?"自然是大伙齐声回答:"华尔·马特!"

《华尔街日报》报道说:看来华尔顿先生是最会寻开心的了。他把他的飞机飞到得克萨斯州的逍遥山去,把飞机停好,就吩咐他的副驾驶员,先到前头160千米左右的地方去等他,然后他就挥旗截住一辆华尔·马特的卡车,载着他驶过剩下那一段路,好跟司机唠唠家常。

第29计

树上开花

造成良好势头

《三十六计》第二十九计"树上开花"曰:"借局布势,力小势大。鸿渐于陆,其羽可用为仪也。"

其大意是:利用别人构造的局面,布成有利于自己的阵势,最能获得投入少而声势大的优异成果。这就像鸿雁横空,全靠舒展的羽翼显得更为壮观。

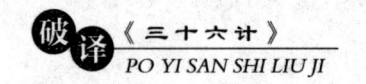

借助他人　自身也要一流

陈佩斯是著名的幽默表演家了。可是当初，他要挤进演员的班子也还是多少托了父亲陈强的福。经过陈强同意，陈佩斯报考八一电影制片厂，但是有条件，只准演反派人物。陈佩斯第一次有了一个角色，就是在大型话剧《万水千山》中跑龙套，演若干个打了败仗的匪兵在逃跑，穿场而过，没有一句台词。很多这种跑龙套的演员，就这样跑下去，以后跑不动了，便改行做杂务去了。

但是，陈佩斯有点野心，跑龙套也要玩出新招来。舞台效果中常有枪响，他装着帽子被打飞，演出逃匪的狼狈相，惟妙惟肖。这并不是导演规定的动作，是他自己发挥的。导演一看，这小子有种，把他提升为一个匪班长。陈佩斯受到抬举，更来劲了，又发挥了一个动作，在逃跑中一个匪连长在吸烟，他跑过去贪吸连长吐出的烟圈，在幽默之中反映出匪兵中的待遇之差、官兵不平等，于是被提升为匪排长。然后他又发挥了一个动作，逃跑中匪连长的帽子掉了，他立即去捡了起来，欲戴又藏，欲藏又戴。那眼神，渴望升官，又害怕被共产党抓住官大的挨整挨得厉害。这种矛盾心理昭然若揭。这样，陈佩斯竟然升任为匪连长。正是由于陈佩斯不失任何时机地不断创出新招，所以到这部电影上银幕时，陈佩斯的名字居然出现在演员表上，上面写道：匪连长：陈佩斯饰。这便是他第一次出名。

从此以后，他便以他的幽默灵感和滑稽天赋，赢得了个人大发展的机会。陈佩斯的这种做法正是利用了"树上开花"之计，利用别人给他的机会，借局布势，促进自身的发展。

品味至上 川"老窖"飘香海外

四川泸州老窖利用国际展览会两次荣获大奖的机会，大力庆祝宣扬，提高了自己在全国、全世界的知名度和荣誉度，销量猛增，他们正是运用了借局布势，树上开花之术。

四川泸州老窖酒厂，是一家历史悠久的酒厂。该厂生产的泸州老窖大曲酒（特曲），到1990年为止已4次荣获国际金奖。第一次是1915年，荣获巴拿马国际食品博览会金奖。

1987年9月，泸州老窖特曲酒荣获曼谷国际饮料食品展览会唯一金奖——金鹰杯奖。喜讯传来，厂领导和公关部门决定利用这次机会大搞一系列庆祝和宣传活动。经过精心策划，庆祝和宣传活动拉开了序幕。首先，他们组织了迎金奖大游行。游行队伍敲锣打鼓，到火车站迎接金鹰奖杯。此举轰动了整个泸州城。市民们争睹金奖，纷纷夸赞泸州老窖酒厂为泸州人争了光，为国家争了光。其次，他们专门为此而向省、市领导报喜，感谢省、市领导的支持与指导。省政府马上发来了祝贺电。市政府则专门召开全市大会予以高度赞扬。再次，他们又在首都人民大会堂召开庆祝大会，邀请全国人大和政协的领导人、一些部委的领导人，以及首都各大新闻单位的记者到会同贺。会后，50多家新闻媒介发了

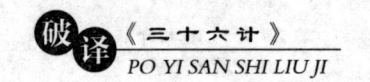

专稿。泸州老窖的大名传遍了全国。

1990年，泸州老窖特曲酒又获第十四届巴黎国际食品博览会金奖，是中国唯一获金奖的白酒。泸州老窖酒厂对此而大力庆祝宣扬。他们在全国许多大报上刊登大幅广告，在许多省级以上电视台播发长时间的广告，宣扬这次荣获国际金奖的信息，并表示衷心感谢国内外广大消费者的信赖和推崇。泸州老窖的美名又一次在长城内外大江南北震响，又一次在欧美亚非澳传播，成了饮料食品市场上的高档抢手货。

第30计

反客为主

自己也能登台唱大戏

《三十六计》第三十计"反客为主"曰:"乘隙插足,扼其主机,渐之进也。"

其大意是:找准空隙插足进去,影响或控制对方的首要人物、核心部门,继而逐渐发起攻势,就有可能实现预定目标。

"希望"用人"反弹琵琶"

希望集团在用人上有一个做法在企业界很有影响,那就是管理干部"只用外行",效果竟然还非常好。这一做法始于1992年。当时,希望集团重庆分公司急需一位老总,因发展太快,手边没有一个能胜任的人。这时,有人介绍一位正大公司的老总。集团董事长刘永行反复想:用他,他可以把正大饲料厂熟练的管理经验带来,但是,他为什么要离正大奔希望?无非是追求更高待遇。假如有人出更高的价,我是不是又要冒走人的风险,况且,希望的文化能整合他吗?结果刘永行拒绝了他,决定去招人。经人介绍找到一个国营单位汽修厂的老总,一席谈,发现他思想品质好,有很强的基础管理经验,缺点是外行,没干过饲料行业。但刘永行还是决定冒险用他。刘永行给他配备了懂生产、技术、财务的干部,让他放手工作。几个月后,刘永行惊奇地发现,他非常好学,又能把在国企学到的知识、经验充分运用到管理中,很快就成了内行,带领重庆公司创造了很好的业绩。刘永行问他为什么有这样大的变化,他说他只想尽快当内行,他也奇怪自己会有这样大的潜力可挖。而在同时,希望集团兼并的一个工厂使用原饲料工厂的厂长,工作不但没有起色,而且合作起来格格不入,最后又跳槽了。

对这件事刘永行很有感触:内行到希望来,他虽然轻车熟路,甚至有较强的管理能力,但他同时具备了原有企业文化培育的管理理念。转变人的观念是很难的。特别是要他认同希望的独特的价值理念和管理模式，往往是过程长、代价高，得不偿失。而一个外行，只要思想品质好，有基础的管理能力，我们的文化整合就有效力。加上他有急于当内行的动力，我们的企业文化就能开发他的潜力，使他的追求上升到更高目标。我们给他提供发展的机会，他会很珍惜，很努力，在努力的过程中会自觉不自觉地让潜力充分发挥。他成功了，企业就成功了，这是一个双赢的机会。

如今，希望集团100多家公司的总经理没有一个是干过饲料行业的厂长、经理。这还有力地维护了希望的企业形象——不在同行内挖人才，带头维护行业秩序。

几年前，希望集团在北方一家公司因年底销量急升而出现电力供应紧张，电表显示已超额定电流，再超载就要出问题，停下来和新增设备都要影响市场、丢失机会。刘永行到这家公司后，亲自对电力设备能力系数进行计算，最终发现，设备的能力只发挥了30％。经过简单改造调整，电力设备能力提高了近三倍。

从这件事上悟出的道理促使刘永行刻意去研究人的潜力开发。他认为，人的才能也有潜力系数。狭义上讲，人的潜力系数是指人的有效工作时间；广义上讲是指人的智能开发程度，这个开发程度与给他的条件成正比。给他的压力大，发展机会多，他的潜力就会得到更好的开发。如现任北京一分公司的总经理，当年只是一名销售经理，对接任总经理职务信心不足，但刘永行认为他具有担任总经理的足够潜力，给他鼓励和支持。对他来讲，一个公司交给他，既是压力，又是挑战，还有风险。抓住机会做好了，可以成就为一名优秀的总经理；做差了，要影响集团、公司，也要影响他本人。在集团提供的这个舞台上，他拼命学习，几个月的努力，他信心大增，结果越干越好，潜力发挥出来了。第二年他的公司创利2600多万元，并成为北京市朝阳区排列第六的纳税大户。

别出心裁　展销变被动为主动

一次一个厂家送到厦门一个展销会上的衬衫，由于展出位置不显眼，经营人员也不用劲，以致产品无人问津。

后来，该厂厂长果断地采取措施：

（1）参加本厂产品展销的营业员，一律穿本厂生产的衬衫，而且每天要换一种颜色；

（2）全体营业员在营业时间不准坐，不准倚，不准双手插袋。顾客上柜，有问必答，热情接待；

（3）营业员每天穿过的衬衫一律归自己，不用交回；营业时敞开供应冷饮。这一手果然奏效，前来参加展销会的顾客，看到这个专柜的营业员穿着一色的新颖衬衫都围拢过来，再加上营业员们精神抖擞，热情介绍，周到服务，衬衫销路顿时打开。

前来购买衬衫的顾客，今天看到全体营业员一律穿淡红色的，心想淡红的一定好，纷纷争购淡红色衬衫；明天来的顾客，看到全体营业员一律穿着橘黄色的，以为橘黄色的一定时新，又争购这种衬衫。于是这个专柜前出现了供不应求的局面，这个衬衫厂获得了很高的效益。

第31计

美人计

不是每一块蛋糕都可以吃

《三十六计》第三十一计"美人计"曰:"兵强者,攻其将;将智者,伐其情。将弱兵颓,其势自萎。利用御寇,顺相保也。"

其大意是:对抗兵力强大的劲敌,宜制服其将帅,对足智多谋的将帅,应瓦解其斗志。敌方若将帅斗志衰退、士气消沉,就会失去战斗力。

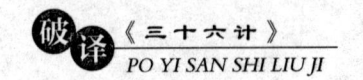

破译《三十六计》
PO YI SAN SHI LIU JI

远离女色最为稳妥

办公室里异性之间的微妙关系，一直是人人茶余饭后津津乐道的话题。只要和异性稍为亲近，就有可能被渲染成热恋中的主角，跳到黄河里也别想洗清。

男女间的关系原本就很微妙，只要一有风吹草动，当事人本身尚未理清彼此感觉，旁观者的敏锐嗅觉却早已发挥威力，传闻已然不胫而走。

对于类似的传闻，多少带点戏弄的意味。而对于添油加醋的恶意挪揄，你可就要小心提防了，它往往使当事人哭笑不得，丝毫没有喜悦的感觉。为避免使自己成为闹剧的主角，平日在言谈举止方面就应当谨守规范。已受流言所困者，最好持"清者自清"的态度，多做解释只能助长好事者的猎奇乐趣，实非明智的应对之道。

你一定拥有一个庞大而且装饰讲究的办公室，这里是你工作时间最长的地方，看一看你桌上的文件，一定是很厚的一摞，电话也总响个不停。

这里是你要时刻注意的地方，你身边的异性下属与你在一起的时间最长，如果经常两人相处，那就更要注意。

你们的关系是上下级，不是不可以谈生活中的问题，但要注意分寸，要时刻提防，温柔之水时刻会向你湮来。

早晨你走进办公室，如果你的下属迎过来向你问好，并帮你整理办公桌乃为正常。

如果不单是这些，可要回绝了。

如帮你脱外衣，问寒问暖，还时不时看你一眼，不乏脉脉之情，你可要把握住自己，不接受过分的殷勤，该自己办的事自己完成，你可说："噢！挺忙的，你忙你的，这些我自己来，不必麻烦你。"

也可说一句笑话："你干这么多，不是发薪时以此向我多要工资吧？"或者说："我可没雇你当我的保姆，不该过问的事，就不要越俎代庖，不然耽误工作，我可要扣你的工资。"

如此一两句话，加上面带笑容，对方不会十分难堪，但也会明白你的用意。

如果对方明显对你表现出异心，甚至有时对你过分亲昵，你就该找理由把她调入别的处室，或干脆向她说明，"本人不吃这一套。"

记住这条忠告，最好你的办公室不要安排异性，你办公室的门也不要经常关着，说话要尽量大声，以免别人怀疑。

美借用美名　打开市场促销售

消费者或许已经注意到，许多打着洋招牌的商品，其实并不是纯种的洋货，在商品出产地一项中明明白白地标明了它在中国的制造地。为什么中国的产品要用外国的商标呢？

眼下提倡企业兼并，有不少亏损企业原来的产品卖不出去，造成严重的产品积压，然而一旦被名牌企业兼并后，使用名牌企业的商标，在

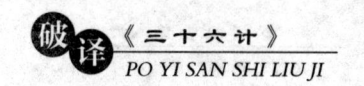

产品质量、性能没有多大变化的情况下，为什么又卖了出去呢？

还有一种情况，原本销售状况不佳的商家，如果请来名人、权威或专家帮助宣传，向消费者提供产品咨询，或者为产品签名，商家的销售状况就会明显改变。这又是为什么呢？

上面列举的三种促销方式，都有一个相似之处，即借用驰名商标或权威名人的美名。这种促销手段，其实质也是一种美人计，它包含美人计"引诱"法的思想。

美人计"引诱"法说的是以美色引诱别人上当。在商业销售中，借用其以美诱人的做法，以美名来吸引、诱惑消费者。这种美名，可以是驰名的商标、有名的公司或著名的权威。借用这些美名在消费者心目中的美好声誉，促销质量可靠、却鲜为人知的商品。由于"美名"的声誉效应，这种借用美名打开市场的促销方法，就成了销售中最主要的促销手段之一。

由于借用美名，可以打开市场，一些不良现象和违法之事便会在这种促销活动中滋生蔓延开来。如果消费者不加提防，自身的合法权益就会受到侵害。借用美名，打开市场是一种行之有效的促销手段，是美人计"引诱"法思想在商业销售中的一种主要运用形式。但是，利用这种手段进行不正当的、违法的销售现象则大量存在于现实生活之中，消费者一定要提高警惕，谨防上当。

第32计

空城计

最胆大的吓人之举

《三十六计》第三十二计"空城计"曰:"虚则虚之,疑中生疑;刚柔之际,奇而复奇。"

其大意是:以弱对强,最宜装作未加防备;干脆以己之短迷惑对手,使之更加难以揣度,不敢轻易来犯。所以在敌强我弱、敌众我寡之际,以虚对实就显得更加奇妙莫测。

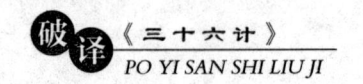

处身立世空城计

何谓惊世骇俗？简而言之，就是敢说别人所不敢说的话，敢做别人所不敢做的事，让世俗惊异，让凡人骇然。大凡能惊世骇俗者，必然要有一套应付别人攻击与非议的本事，必须得练就"水火不能伤"的勇气。否则，只能是增加他人茶余饭后的笑料罢了。

惊世骇俗者，最易成为众人瞩目的焦点。因为大众的普遍心理是向往新奇，尤其是中国人，颇有围观的爱好，一向以"喜凑热闹"而闻名于世。现代新闻媒体又以猎奇而著称，这一快速而广泛的传播手段，会很快把一个人的言行"炒"得沸沸扬扬。

惊世骇俗者，又最易成为众人非议的焦点。因为惊世骇俗者，往往桀骜不驯，口出狂言，或抨击人心时弊，或动摇传统价值观念，总要冒犯别人，伤害别人，因而必会引来口诛笔伐，文字官司，甚至拳脚牢狱之祸。另一方面，在一个较为稳定的社会里，人们的价值观念总是趋于保守，传统的伦理道德总是备受珍视，因而，极端的、激进的、先锋的、另类的、锋芒毕露的东西总是不容易为人们所理解和接受。这样，也会带来大众的一些心理不适甚至持排斥、敌对的态度。

基于以上两点，惊世骇俗者的自我肯定能力必须很强，并且还要有勇气，敢于冒险，也许你自己会认为自己没有能力，这是绝对不行的。真正的惊世骇俗者要有战无不胜的信心，虽然自己可能会有缺陷，但你也可以先把名气打出去，先在大家心中树立起形象，也就是先用"空城计"为自己树立形象，再自己给自己施加压力，不断用新的东西充实自己，总会有一天你会成全自己。

筹备资金　石油大王使出空城计

波尔格德是石油企业家的儿子。1914年9月刚从英国牛津大学毕业回到美国，便决心从事石油开采业。

但是，他不想依靠十分富有、并在美国石油界颇有影响的父亲。他要凭自己的本领，自力更生地开创一番事业。

1915年10月，美国俄克拉荷马州有一个石油矿井招标，参加投标的企业家很多。有不少投标者实力雄厚、财大气粗，竞争异常激烈。

波尔格德此时才成立的公司资金不足，不是那些大企业家的对手。但是，这个油矿很有潜力，对他很重要。怎么办呢？经过冥思苦想，波尔格德找到了一个高招——空城妙计。

投标那天，波尔格德租了一身十分华贵的衣服，约了一位他所熟悉的著名银行家，同他一道前往投标会场。

到了会场，波尔格德显得气度不凡，胸有成竹，加上身旁有著名的银行家陪伴，致使在场的企业家的目光都集中到了他的身上。

那些跃跃欲试，准备在投标中一决胜负的投标者，心里不免忐忑不安。想到波尔格德是石油富商的儿子，现在又有大银行家做"参谋"当"后盾"，感到自己决绝波尔格德的对手。

于是，投标会场发生了戏剧性的变化，企业家们竟三三两两地相继离开了。留下的也不敢竞价。

结果，波尔格德以 500 美元的低价就轻而易举地中标了，他这套空城妙计应验了。

四个月后，即 1916 年 2 月，波尔格德中标的那个油矿采出了优质石油。他马上以 4 万美元的价格将油矿售出，很快便获得了 2 万多美元的纯利。

波尔格德一处又一处地投资开采石油，不断成立新的石油公司。到了 1917 年 6 月，23 岁的波尔格德已成为拥有 40 家石油公司的富翁。

第33计

反间计

拆散对手的板块组合

《三十六计》第三十三计"反间计"曰:"疑中之疑。比之自内,不自失也。"

其大意是:在疑阵中再布疑阵,顺势把敌人作为内应,可以不受损失地取胜。

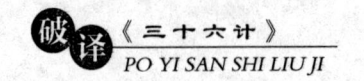

遭暗算　IBM 将计就计

20 世纪六七十年代，美国国际商用机器公司，即 IBM 公司，一直垄断着国际商用电子计算机市场。日本通产省大声疾呼，要在半导体电子计算机领域赶上和超过美国。

然而，要与美国 IBM 公司竞争，并不是一件轻而易举的事，若想缩短时间，必须事先通过某种手段获得美国新机种的资料。

于是，日立公司通过商业间谍活动，搞到 IBM 公司新一代 308X 计算机绝密设计资料 27 册中的 10 册。这套材料具有很重要的价值，是 1980 年 11 月由其内部的一名职员莱孟德·卡戴特拿出来的。

为把余下的 17 册资料也搞到手，日立公司继续采取行动。其高级工程师林贤治向与日立公司有业务往来的马克斯维尔·佩利发了一份电报，要求佩利设法搞到其余 17 册资料。

佩利曾在 IBM 公司工作 21 年，辞职前曾任 IBM 公司先进电子计算机系统实验室主任。接到电报后，意识到 IBM 公司与他自身的关系，便将此事告诉了 IBM 公司。

负责 IBM 安全保卫工作的查理·卡拉汉为查清事实，抓住日立公司从事商业间谍的证据，要求佩利帮忙，接近日立方面的林贤治，佩利同意充当双重间谍。

为彻底追究盗窃犯的责任，联邦调查局采取了诱捕的方法，他们声称，IBM公司有两个领导干部将退休，通过这两个人，什么绝密的硬件、软件、手册等统统能够搞到手，日立想得到的东西，他俩都能搞到。而日立方面却不知这是诱捕之计，终于落进了陷阱。

1982年6月，联邦调查局人员逮捕了日立派去拿情报的职员。日立被抓到证据，遭到了起诉。在日、美两国政府积极参与下，1983年3月，旧金山法院判处日立公司林贤治1万美元罚款，缓刑5年。参与此案的大西勇夫被罚款4千美元，缓刑2年，并交还其盗窃的全部资料。

巧谋划　松下公司渡过难关

松下公司是由松下幸之助创办的一个大型电器王国。在其70多年的历史中，松下公司也多次遇到生存危机。但是，松下幸之助每次都凭计谋渡过了难关。

20世纪50年代，日本出现经济大滑坡，松下公司的产品也大量积压。有人向松下幸之助建议减员一半，以渡过眼前的难关。这个消息透露出去后，整个公司人心惶惶。

此时松下幸之助恰巧有病住进了医院。松下公司的两位高级总裁武久和井植到医院看望松下。

"你们对公司目前的困难有什么高见吗？"松下问。

"看来除了减员没有什么好办法了！"井植说。

松下在病床上欠起身，语气坚定地说："我已经决定一个人也不减！"武久和井植听了，都大吃一惊。

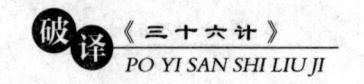

松下接着说："如果我们减人，别人就会看出我们的困难。别的公司就会趁机给我们讲条件，我们的处境将愈加艰难。如果我们不减人，外界就会认为我们是有实力的，竞争对手便不敢小看我们。"

"没有这么多的活干怎么办呢？"武久问。

"办法我已想好了，改为半天上班，工资按以往全天的标准分发。"

武久和井植回到公司，集合起全体员工传达了松下的决定。员工们听到这个消息立即欢声雷动。所有的人都发誓要尽力为公司而战。公司上下出现了万众一心、共渡难关的局面。

别的公司听说松下公司不减一人，而且只上半天班发全天工资，顿时感到松下公司不愧是日本实力雄厚的公司，定有灵丹妙药和回天之力。

后来，松下公司的全体员工齐心协力，只用两个月时间便把积压的产品推销出去了。

松下不愧是经营之神，黑云压城时，大胆采用商战中空城计的做法，干脆来个愈空愈敢空，大有一空到底的气概。结果，不利变为有利，公司逐渐走出了困境。

第 34 计

苦肉计

只为最终抬起头

《三十六计》第三十四计"苦肉计"曰:"人不自害,受害必真;假真真假,间以得行。童蒙之吉,顺以巽也。"

其大意是:人不会伤害自己,使自己受害必然是真的;假戏真做,真戏假做,交叉进行,就会使人深信不疑。像利用儿童的天真幼稚,顺着逗他,就能把他哄得团团转。

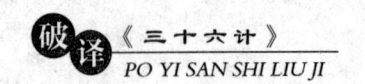

锦囊之策　诈疯魔

孙膑是战国时的一位大军事家,同时也是诈疯魔自保实施计谋的大师。没有此计,也就没有他后来的作为。

孙膑与庞涓同为鬼谷子弟子,共学兵法,曾有八拜之交,结为生死兄弟。庞涓为人刻薄寡恩,孙膑则忠厚谦逊。

庞涓求官魏国,拜为军师,屡建奇功,名声大振,显赫不可一世,却还忌着一个人,那就是他的义兄、并曾许过愿"若有进身机会,必举荐吾兄"的孙膑。他认为孙膑有祖传《孙子十三篇》,才能超过自己,一旦有机会,便会压倒自己,所以始终不予举荐。

孙膑后得墨翟之荐,来到魏国。鬼谷子深通阴阳之术,算知孙膑之前途得失;但天机不可泄漏,只把他的原名孙宾改为孙膑,并给予锦囊一个,吩咐不到万分危急不得拆开。

魏王见了孙膑,即问兵法,孙膑对答如流,魏王大悦,想拜为副军师,与庞涓同掌兵权。本来就不希望见到孙膑的庞涓说:"臣与孙膑,同窗结义,膑实臣的兄长,岂可以为副职?不如暂且拜为客卿,等有了功绩,臣当让位,甘居其下。"于是魏王拜孙膑为客卿。

从此,庞涓与孙膑频频往来。庞涓心怀鬼胎,欲除义兄而后快,只想等孙膑传授了兵法再下毒手。

不久,两人摆演阵法,庞涓不及孙膑,就迫不及待,阴谋陷害孙膑,便一面在魏王跟前说坏话，一面捏造证据，说孙膑里通外国。魏王听信庞涓之言，将孙膑一对膝盖骨削去，又用针刺面，成"私通外国"四字，庞涓还猫哭老鼠，又是痛哭，又是敷药，又是安慰。

对此，孙膑万分感激庞涓。庞涓便让孙膑将兵法写出，孙膑慨然应允。直到一天孙膑的近侍诚儿告诉他偶然听说庞涓单等孙膑写完兵法便立即绝其饮食之时，他才恍然大悟。知道自己无论写与不写，生命都将危在旦夕，便立即拆开锦囊，只见有黄绢一幅，上写"诈疯魔"三字，方长叹一声，决定依计而行。

孙膑的自保之计从晚饭开始实施，他刚举筷子，忽然扑倒地上，作呕吐状，一会儿又大叫："你为什么要毒害我？"接着把饭盒推倒落地，把写过的木简向火焚烧，口里喃喃谩骂，语无伦次。诚儿不知是诈，慌忙奔告庞涓。次日庞涓来看，见孙膑满脸都是痰涎，伏地又哭又笑。庞涓问："兄长为什么又哭又笑呢？"孙膑答："我笑魏王想害我性命，而不知我有十万天兵保护，我哭的是魏国除我孙膑之外，无人可挡大将。"说完，瞪眼盯住庞涓，又不停地叩头，口叫："鬼谷先生，你救我一命吧！"庞涓说："我是庞某，你认错人了。"孙膑拉住他的衣袍，乱叫"先生救我！"

当时庞涓心中就疑惑孙膑是装疯卖傻，想试探其真假，就命人把孙膑拖入猪栏。栏内粪秽狼藉，臭不可闻。孙膑披头散发，在屎尿中翻滚，有人送来酒食，说是瞒过军师偷偷送来的，是哀怜先生被害之意。孙膑心知其诈，便怒目大骂："你又来毒我吗？"把酒食倾翻在地，使者顺手拾起猪屎及臭泥块给他，他却抓住送到口里吃了。庞涓得知，说："他已经真狂了，不足为虑了。"从此对孙膑不加防范，任其出入，只派人

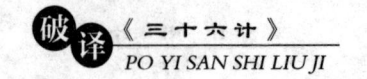

跟踪而已。

孙膑从此到处乱跑，行踪无定，早出晚归，仍以猪栏为室，有时整夜不归，睡在街边或荒屋中，捡食污物，时笑时哭，看来是真疯了。

后来，墨翟云游到了齐国，住在大臣田忌家里，得知孙膑被迫害之事，乃将孙膑之才及庞涓妒忌之事转告田忌，两人商定计谋：借出使魏国的机会，令一侍从扮作孙膑，偷偷将孙膑载回。孙膑回到齐国，仍不出名不露面，后来齐魏交战，孙膑大败庞涓。齐魏之役，庞涓被孙膑军队射杀于马陵道。

苦肉计为东山再起

晋代武将羊祜嗟叹："人生不如意者，七、八成也。"对一般人言，七、八成根本不算什么，一生困顿者，更是大有人在。

《菜根谭》对于吾人面对不如意事，最常提到的，便是一个"忍"字。

"语云：'登山耐险道，踏雪耐危桥。'一耐字，极有意味。如倾险之人情，坎坷之世道，若不得一个耐字撑持过去，几何不堕入莽堑哉。"

人生在世，吾人必须经常以"忍"惕厉己心，但若人生尽是忍耐，则亦乏味，故而难免不会使人兴起为何忍的疑问。

自古以来，中国人即坚信"否极泰来"的轮回观念，亦即"幸"与"不幸"面临极致时，相反的情状便会应运而生，以此鼓舞人心，咬牙承受眼前的痛苦。不过，类似这种充满希望的忍耐，还算值得，但若情况相反，不知何时跌入谷底，则会令人战战兢兢，如履薄冰。针对于此，

《菜根谭》遂为大家指引出一条路来。

"情势逆转之兆,往往出现在最盛期,新事物的萌生,往往发生在衰退期。情况顺利时,必须谨慎戒备,遇到难关时,尤须忍耐,贯彻初衷。人生原是傀儡,只要把柄在手,一丝不乱,舒卷自由,行己在我,一毫不受他人捉掇,便超此场中矣。"

漫长人生,任何人都有运气差时,不过,即使遇到阻挠,吾人面对逆境仍应坚此百忍,熬过种种折磨,终将突飞猛进,破茧而出。

"横逆困穷,是锻炼豪杰的一副炉锤。能受其锻炼者,则身心交益;不受其锻炼者,则身心交损。"

又说:"居逆境中,触处皆针砭药石,砥节砺行不觉。处顺境中,眼前尽兵刃戈矛,镇钢磨骨而不知。"

身处逆境,最忌意志消沉,其次是焦虑慌乱,以及逃避挣扎。果真如此,则不仅不能脱困,反倒会愈陷愈深,难有超脱希望。

其实,困顿缠身时,最重要者即镇定心志,一面贮存力量,一面等待机会的来临。《菜根谭》即从飞鸟贮食,一鸣惊人,以及早开之花,势必先凋的例子,砥砺我们不惧挫折,更无需为汲汲于争功而焦躁不安。

因此,我们应该充实自己,做好逆境随时来临的心理准备,然后以勇气与耐心来面对人生的马拉松赛。

第 35 计

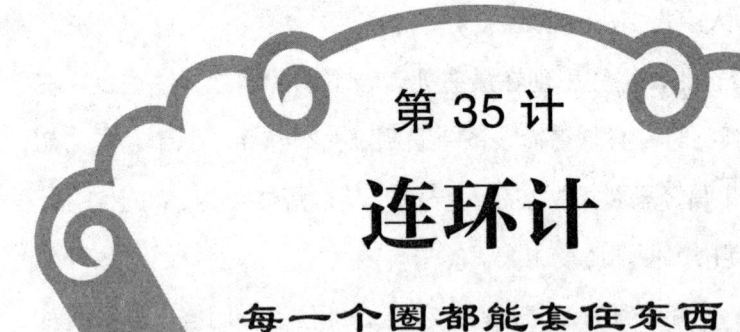

连环计

每一个圈都能套住东西

《三十六计》第三十五计"连环计"曰:"将多兵众,不可以敌,使其自累,以杀其势。在师中吉,承天宠也。"

其大意是:对兵多将广之敌不能硬拼,使用各种计谋让敌人承受步伐不整、行动不便的连累,就能剥夺他的优势。将帅如能巧施计谋,就像有天神相助,必能取胜。

双"连环",一文不名赚大钱

图德拉原是委内瑞拉的一位自学成才的工程师。他想做石油生意,可是他既无石油界的老关系,又无雄厚的资金。于是,他采用了"迂回"的连环计。

他先从一位朋友处打听到阿根廷需要购买 2000 万美元的丁烷,并且又知道阿根廷的牛肉过剩。

接着,他飞到西班牙,那里的造船厂正为没有人订货而发愁,他告诉西班牙人:"如果你们向我买 2000 万美元的牛肉,我就在你们的造船厂定购一艘造价 2000 万美元的超级油轮。"西班牙人愉快地接受了他的建议。这样,他就把阿根廷的牛肉转手卖给了西班牙。

此后,图德拉又找到了一家石油公司,以购买对方 2000 万美元的丁烷为交换条件,让石油公司租用他在西班牙建造的超级油轮。

就这样,图德拉凭着迂回的艺术,精心设计一个大胆的"连环计",单枪匹马杀入了石油海运行列,开始了前途远大的经营。

"连环计"的运用,最重要的是布局,布局周密完整,没有破绽漏洞,才能完美无缺地施展。若其中有一环一计之失,则可能造成牵一环而动全局,缺一计而弃前功的后果。

只有思虑周到,组织能力强,能充分结合主客观因素者,才不会因百密一疏而造成为山九仞、功亏一篑。

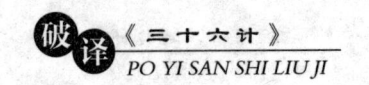

巧施"连环" 店主因贪利而上当

　　M 先生来到一家珠宝古玩店，他指着一个镏金盒里的那颗粉红色钻石说："我想买那颗钻石，需要多少钱？"店主一看来者不善，忙上前答道："先生真是好眼力，说实在话，这颗钻石非常美丽，是送情人，还是送夫人？""送情人，明天急用。"M 先生说。店主一听高兴地说："好吧，鄙人成人之美。能买这颗钻石的肯定是大富翁。我愿交个朋友，拉个老主顾。原本 12000 美元，我让 2000 元，先生你付 1 万元算了。""那太感谢了。"M 先生付了钱心满意足地走了。不一会儿，他又返回店来，对店主说："您是否还有第二颗跟这一模一样的钻石？我想……干脆实说吧，怕万一让太太知道此事，再送她一颗，这样好叫她闭上那讨厌的嘴。""哎呀！本店没有第二颗了。"店主实实在在地说。"帮帮忙，我准备出 13000 元。"M 先生着急地说。"那么，让我再想想办法。"店主点点头。"非常感谢。"M 先生顺势把散发着一种名贵香水味的名片递过去，"一有确切消息，望赐告。"过了半个月，珠宝店来了一位脸上布满愁云的太太，她想卖一颗跟 M 先生买走的完全一样的钻石。瞧她那神情，一准是急等用钱。"夫人，我现在手头拮据，没有 13000 元现款，请等几天再来吧。"店主说着，还得意地冲小伙计们眨眨眼，意思是说，你们都学着点。"不然……那就 12000 元吧。"太太紧追一句，无可奈何地耸耸肩。那是说，认倒霉吧，谁让自己急等用钱呢！"好吧，请你稍候，我查一下钱。"不一会儿，店主手中拿着钱返回，抱歉地说："夫人，只有 11030 元，你看，这……"太太先是犹豫了一下，焦急地看看手表，又叹口气："11030 元……就 11030 元吧。""成交了！是吗？夫人！"店

第 35 计　连环计
每一个圈都能套住东西

主麻利地验了货，办理完收购手续，等太太前脚刚迈出店门，就急不可待地找出 M 先生留下的名片，拨通了电话。"先生，本号码没有 M 先生。"电话里回答说。店主惊讶地问："那您是哪里？""本号码是'幸福离去殡仪馆'，本馆 24 小时忠实地为每一位客户服务……"

　　第二天，店主收到了一封散发着同 M 先生名片一样香水味的信，里面有两张单据：一张是销出那颗粉红色钻石的收款单据；一张是购买那颗粉红色钻石的付款单据。店主如梦初醒，自知中了 M 先生的连环计，亏了 1030 美元，但已后悔莫及。

第36计

走为上

保护自己不受摧残

《三十六计》第三十六计"走为上"曰:"全师避敌。左次无咎,未失常也。"

其大意是:力量对比过于悬殊,局势极为不利,保存力量全军退却是避敌待机、转劣为优的策略,也是正确的灵活用兵原则。

功成名就　明智引退

1990年，安德斯·通斯特罗姆被瑞典乒乓球队聘为主教练。由于通斯特罗姆平时对运动员指导有方，又加上其战略战术比较高明，所以瑞典乒乓球队连年凯歌高奏。在1991年的世乒赛上，他率领的瑞典男队赢得了所有项目的冠军。在1992年夏季奥运会上，他们又夺得男子单打金牌，这块金牌也是瑞典在这届奥运会上获得的唯一一枚金牌。

然而，正当瑞典国民向通斯特罗姆投以更热切期望的时候，他却突然宣布将于1993年5月世乒赛结束后辞职。通斯特罗姆的业绩如此辉煌，瑞典乒乓球联合会已向他表示"非常愿意"延长其雇用合同，那么他为什么要在春风得意时突然提出辞职呢？许多人对此感到迷惑。

其实，正是通斯特罗姆连年的成功促使他做出了辞职的决定，通斯特罗姆说，自他担任主教练以来，瑞典乒乓球队取得一次又一次的胜利，但是"现在我也感到已很难激发我自己和运动员去争取新的引人注目的胜利。瑞典乒乓球队需要更新，需要一个新人来领导。"

在这里，主教练通斯特罗姆用的正是"走为上"的计策。在体育赛场上，没有永远不败的常胜将军。通斯特罗姆在感到很难再去"争取新的引人注目的胜利"之际，果断地退下来，无疑是明智之举。这样，既可以保持住自己的声望，又使瑞典队得以更新。如果等到瑞典队大败而归时再退下来，通斯特罗姆恐怕只能捧回一束残花。

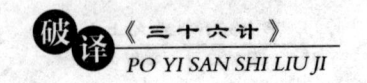

当"走"不"走" 心中早已有盘算

从企业的经营管理以及行销的观点来看"走"这一计,可发现多数的企业经营上的着力点有二:一在发展新产品,二在维护旧产品。

新产品的开发,固然是企业生存发展不可缺少的一个环节,而旧产品的维护,有时更关系到企业立足的基础。不过,却很少有企业能以高瞻远瞩的眼光和魄力,割舍"无利可图",甚至构成企业包袱或负担的旧产品。

蓝契斯特法则中,有一则重要的战略,即"剪刀"、"石头"和"布"的战略。它们可分别应用于产品寿命循环的导入期、成长期与成熟期。

刚上市的新产品,为了要开发新市场,必须用"石头"去攻,以锐不可当之势建立市场的据点。

当产品步入成长期时,就要用"布"的战略去包围市场,才能保证或者扩大市场的占有率。

等产品迈入成熟期,则该采取"剪刀"的战略,割舍该产品,退出市场竞争,以免因舍不得"走",或"走"得太慢而丧失其他的新的行销机会。

然而,大多数的企业都擅长"石头"和"布"的战略,而舍不得用"剪刀"剪断情丝,一走了之,甚至造成"剪不断、理还乱"的结局。

事实上,"走"的目的,是要把用于没有希望的商品的人力、资源,从事于新产品的开发。所以,"走"的意义是积极地攻占新市场,而非消极地退出市场。